浩然正气

吕章申 题

中国国家博物馆 编

人民出版社

中国国家博物馆
NATIONAL MUSEUM OF CHINA

《浩然正气》

主　　编：吕章申
执行主编：曹欣欣

编　　辑：曹欣欣　吴金华
图片保障：董　帅　杨红林

目　录

实现中华民族伟大复兴是
中华民族近代以来最伟大的梦想

习近平

《复兴之路》这个展览，回顾了中华民族的昨天，展示了中华民族的今天，宣示了中华民族的明天，给人以深刻教育和启示。中华民族的昨天，可以说是"雄关漫道真如铁"。近代以后，中华民族遭受的苦难之重、付出的牺牲之大，在世界历史上都是罕见的。但是，中国人民从不屈服，不断奋起抗争，终于掌握了自己的命运，开始了建设自己国家的伟大进程，充分展示了以爱国主义为核心的伟大民族精神。中华民族的今天，正可谓"人间正道是沧桑"。改革开放以来，我们总结历史经验，不断艰辛探索，终于找到了实现中华民族伟大复兴的正确道路，取得了举世瞩目的成果。这条道路就是中国特色社会主义。中华民族的明天，可以说是"长风破浪会有时"。经过鸦片战争以来170多年的持续奋斗，中华民族伟大复兴展现出光明的前景。现在，我们比历史上任何时期都更接近中华民族伟大复兴的目标，比历史上任何时期都更有信心、有能力实现这个目标。

回首过去，全党同志必须牢记，落后就要挨打，发展才能自强。审视现在，全党同志必须牢记，道路决定命运，找到一条正确的道路多么不容易，我们必须坚定不移走下去。展望未来，全党同志必须牢记，要把蓝图变为现实，还有很长的路要走，需要我们付出长期艰苦的努力。

每个人都有理想和追求，都有自己的梦想。现在，大家都在讨论中国梦，我以为，实现中华民族伟大复兴，就是中华民族近代以来最伟大的梦想。这个梦想，凝聚了几代中国人的夙愿，体现了中华民族和中国人民的整体利益，是每一个中华儿女的共同期盼。历史告诉我们，每个人的前途命运都与国家和民族的前途命运紧密相连。国家好，民族好，大家才会好。实现中华民族伟大复兴是一项光荣而艰巨的事业，需要一代又一代中国人共同为之努力。空谈误国，实干兴邦。我们这一代共产党人一定要承前启后、继往开来，把我们的党建设好，团结全体中华儿女把我们国家建设好，把我们民族发展好，继续朝着中华民族伟大复兴的目标奋勇前进。

我坚信，到中国共产党成立100年时全面建成小康社会的目标一定能实现，到新中国成立100年时建成富强民主文明和谐的社会主义现代化国家的目标一定能实现，中华民族伟大复兴的梦想一定能实现。

引自《习近平谈治国理政》

编者的话

1990 年 7 月 1 日，时任中共中央总书记的江泽民同志参观了中国革命博物馆的《中国革命史》陈列，并发表了重要讲话。在谈到烈士遗书时，江泽民同志说："这些烈士遗书，今天读起来仍催人泪下。革命先烈为了反抗帝国主义的侵略和国内反动阶级的压迫，为了救国救民，前仆后继，英勇奋斗。许多烈士，面对敌人的屠刀，威武不屈，表现了视死如归的浩然正气。"他希望中国革命博物馆的同志们把展出的和馆藏的革命烈士遗书编辑成册，以使更多的人看到它们，充分发挥它们的教育作用。

根据江泽民同志的提议，1991 年 7 月，由中国革命博物馆编辑、人民出版社出版了《浩然正气》一书，收录了先烈先贤、仁人志士的遗书、遗言、诗文等共 154 篇，其中大部分是根据本馆收藏的珍贵原件或影印手迹整理而成的。该书出版后，引起社会广泛关注，读者反响热烈。

2011 年 3 月，由中国革命博物馆和中国历史博物馆组建而成的中国国家博物馆隆重推出了该馆改扩建工程竣工后的第一个基本陈列——《复兴之路》。它通过 1280 多件（套）馆藏珍贵文物，包括大量仁人志士、民族英雄、革命先烈的遗言、遗文等，生动再现了鸦片战争以来的一百多年间陷入半殖民地半封建社会深渊的中国各阶层人民在屈辱和苦难中奋起抗争，为实现民族复兴进行的种种探索，特别是中国共产党领导全国各族人民争取民族独立人民解放、国家富强人民幸福而不懈奋斗的历程。经过了岁月的沉淀，这些遗言、遗文的字里行间，依然蕴藏着以爱国主义为核心的民族精神的强大力量，依然闪耀着感人至深的思想光芒。

2012年11月29日，中共中央总书记习近平率新一届中央政治局常委成员来到国家博物馆参观了《复兴之路》基本陈列，并发表重要讲话。他指出："近代以后，中华民族遭受的苦难之重、付出的牺牲之大，在世界历史上都是罕见的。但是，中国人民从不屈服，不断奋起抗争，终于掌握了自己的命运，开始了建设自己国家的伟大进程，充分展示了以爱国主义为核心的伟大民族精神。"

据不完全统计，近代以来我国约有2000万名烈士为民族独立、人民解放和国家富强、人民幸福而捐躯，其中大多数烈士没有留下遗书、遗言、诗文等。留存下来的这些遗书、遗言、诗文所蕴含的浩然正气，正是社会主义核心价值观的思想来源和生动体现。

为了牢记历史、缅怀先烈，表达对他们的崇高敬意，传承他们留给后人的宝贵精神遗产，弘扬以爱国主义为核心的民族精神，凝聚实现中华民族伟大复兴中国梦的强大精神力量，我们在本书初版的基础上，以国家博物馆《复兴之路》基本陈列为依据，结合馆藏原件和影印手迹，修订完善了本书。

本书共计收录先贤英烈118人的149篇遗书、遗言和诗文，以收录作品写作大致时间排序，并增加了大量相关馆藏历史照片，使本书更具有史料价值和感人力量。

编　者

林则徐（1785—1850），福建侯官人。字元抚、少穆，晚号俟村老人。嘉庆进士。曾提倡经世之学。任东河河道总督和江苏巡抚期间，积极兴修水利。1838年在湖广总督任内，禁吸鸦片，成效显著。同年12月受命为钦差大臣赴广东查禁鸦片。次年3月抵广州后，为探求西方情况，派人翻译外文书报，辑成《四洲志》；协同两广总督邓廷桢，迫使英美烟贩交出鸦片，6月主持将收缴的鸦片两万多箱共约237万多斤在虎门海滩当众销毁；大力整顿海防，屡次打退英军武装挑衅。1840年1月任两广总督。鸦片战争爆发后严密设防，使英军在广东不能得逞。10月因受投降派诬害被革职。次年派赴浙江镇海军营协办海防。后充军伊犁，曾在新疆兴办水利，垦辟屯田。1846年重被启用，署陕甘总督，1847年授陕西巡抚；1848年调云贵总督。1849年因病辞职返籍。1850年受命为钦差大臣赴广西镇压拜上帝会，途中病逝于广东潮州。

林则徐

赴戍登程口占示家人（其二）

力微任重久神疲，再竭衰庸[1]定不支。
苟[2]利国家生死以，岂[3]因祸福避[4]趋[5]之。
谪居[6]正是君恩厚，养拙[7]刚于戍卒宜。
戏与山妻谈故事[8]，试吟断送老头皮。

注释：

[1] 衰庸：意近"衰朽"，衰老而无能，这里是自谦之词。

[2] 苟：如果，假使。

[3] 岂：难道。

[4] 避：逃避。

[5] 趋：迎受。

[6] 谪居：因有罪被遣戍远方。

[7] 养拙：犹言藏拙，有守本分、不显露自己的意思。刚：正好。戍卒宜：做一名戍卒为适当。这句诗谦恭中含有愤激与不平。

[8] 山妻：对自己妻子的谦称。故事：旧事，典故。

题解：

这首诗摘自《赴戍登程口占示家人》，载《云左山房诗钞》卷六。

1838年，林则徐受命为钦差大臣，赴广东查禁鸦片。1839年，林则徐到达广东，整顿海防，查禁鸦片，并将收缴英、美等国鸦片烟贩的两万多箱鸦片在虎门海滩销毁。1840年，英国以中国禁烟为借口发动了第一次鸦片战争。1840年8月20日，道光皇帝批答英国书，允许通商和惩办林则徐。

1841年7月，林则徐被发配新疆伊犁。他于1842年5月到达西安，8月启程前去荒僻的新疆。临行前，他留下了这首诗，其中，"苟利国家生死以，岂因祸福避趋之"两句，说明如果对国家有利，可以付出自己的生命，不能有祸就逃避，有福就迎受，表现出虽身处逆境但不改以国家利益为重的爱国情操和刚正不阿的高尚品德。

壬寅除夕书怀（选录）

流光代谢岁应除[1]，

天亦无心判菀枯[2]。

裂碎肝肠怜爆竹，

借栖门户笑桃符[3]。

新幡彩胜如争奋[4]，

晚节冰柯也不孤[5]。

正是中原薪胆日[6]，

谁能高枕醉屠苏[7]。

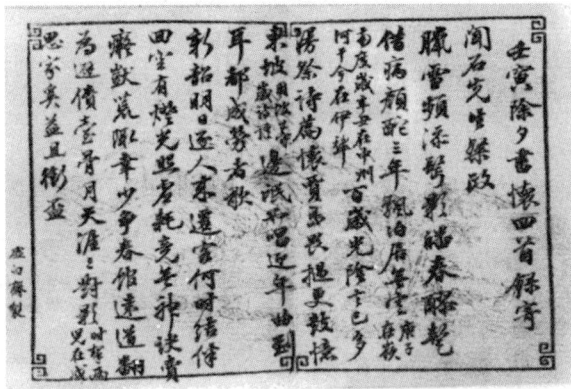

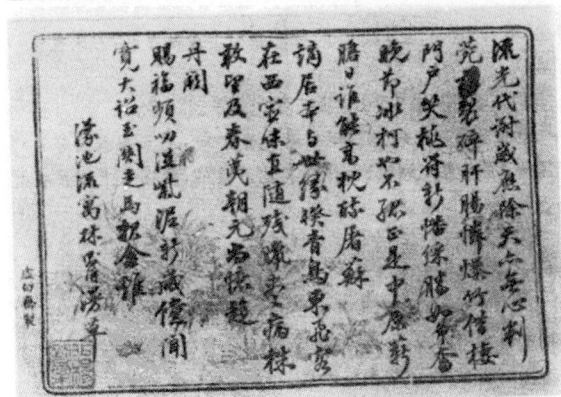

《壬寅除夕书怀》手迹

注释：

〔1〕流光代谢：光阴流逝，一年又过去了。

〔2〕判菀枯：判，评断；菀（yù）：茂盛；枯：枯萎。这里是评断盛衰之意，也暗喻自己的功过。

〔3〕栖：居住或停留。桃符：古时习俗，农历春节用桃木板写神的名字或画神像，悬挂在大门上，以压邪。后来在门上面贴春联，因此也借指春联。

〔4〕幡：同"旛"。长方而下垂的旗子。彩胜：即旛胜，旧时立春日的首饰。剪纸或绸绢等为旗旛形，亦有剪作蝴蝶、金钱及其他形状的，戴在头上或系在花下，庆祝春日来临。

〔5〕冰柯：柯，疑为坷字之误。冰坷可能是林则徐指自己晚年受冷落和坎坷的命运。

〔6〕中原：地区名，即中土、中州，以别于边疆地区。此处泛指中国。薪胆：为卧薪尝胆之意。

〔7〕屠苏：酒名。古俗阴历正月初一日，家人先幼后长，饮屠苏酒。

题解：

该诗根据中国国家博物馆馆藏《林则徐致刘闻石函》手迹刊印。

1842年8月29日，清政府被迫与英国签订了丧权辱国的《南京条约》，鸦片战争以中国的失败而告结束。道光二十二年除夕（1843年1月29日），正在新疆伊犁的林则徐听到这一消息后，便写诗寄给他的好友刘闻石，抒发忧国忧民的情怀。同时，也表现出虽身处逆境，但爱国之心不减，自己不会高枕无忧，而是要卧薪尝胆。

关天培（1781—1841），江苏淮安人。字仲因，号滋圃。曾任江苏太湖营水师副将、江南苏松镇总兵、署江南提督。1834年任广东水师提督后，踏勘地理形势，增修虎门、南山、横档等炮台，铸6000斤以上大炮40门，抓紧训练军队，积极备战。1839年钦差大臣林则徐到粤禁烟，积极支持，并配合两广总督邓廷桢缉拿烟贩，出动水师收缴英美鸦片237万多斤。1840年鸦片战争爆发，钦差大臣琦善至广东，一意主和，尽撤江防。1841年2月25日英舰18艘配以登陆部队进攻虎门，关天培于靖远炮台督军顽强抵抗。次日，英军再次猛攻，琦善拒发援兵，关天培率部孤军奋战，受伤十余处，仍亲燃大炮轰击英军，与400余将士为国捐躯，时年60岁。

关天培

家　书

国家多难之秋，正是儿捐躯报国之时，今呈上牙齿和头发，望老母勿以儿为念。

| 题 解 ：

这封家书录自江苏省政协文史资料委员会编《江苏文史资料·第72辑·淮安古今人物》，1993年版。

从1840年鸦片战争起，列强发动了一次又一次侵华战争，中国人民为捍卫国家主权和民族尊严对外来侵略者进行了前赴后继的英勇抵抗。在历次反抗列强入侵的战争中，爱国官兵表现出了英勇顽强的战斗精神和爱国主义精神。

1840年6月，英国政府针对中国禁烟发动了侵略中国的鸦片战争。1841年虎门危难之际，关天培决心誓与炮台共存亡，把自己脱落的几颗牙齿、一绺头发及一封简短家书留给家人。家书体现了这位花甲老将捐躯报国之情。当时蒙冤被革职在广州等待查办的林则徐对关天培的壮烈殉国痛心疾首又充满敬佩，书写了一幅挽联："六载固金汤，问何人忽坏长城，孤注空教躬尽瘁；双忠同坎壈，闻异类亦钦伟节，归魂相送面如生。"讴歌了关天培为国为民、六年守土、抗英禁烟的功绩，其中"异类亦钦伟节"一句是指关天培牺牲后侵华的英军向关将军遗体列队鸣枪致敬。

裕谦（约 1795—1841），蒙古镶黄旗人，博罗忒氏。字鲁山，号舒亭。嘉庆进士。曾任知府、按察使等职。1840 年鸦片战争爆发时署理两江总督，坚决主张抗击英军侵略，并奏请添铸火炮，建造炮台，加强沿海防御。1841 年 2 月受命为钦差大臣赴浙江办理防务。10 月 1 日英军攻陷定海，继攻镇海。裕谦亲率清军四千人与敌激战，至镇海陷落，愤极投水殉国，时年 48 岁。

裕谦

誓与镇海共存亡

城存俱存，以尽臣[1]职，断不肯以退守为辞[2]，离却镇海县城一步，尤不肯以保全民命为辞，接受英人片纸[3]。

注 释： 〔1〕臣：封建社会官吏对君主的自称。此处指自己及守卫镇海的文武官员。

〔2〕辞：言辞，托辞。这里是借口的意思。

〔3〕片纸：当指英人的劝降书。

题 解： 这段话录自《清史列传》卷三十七。

1841 年 10 月，英军攻占浙江定海，与其隔海相望的镇海城处于危急之中。在镇海督战的两江总督裕谦临危不惧，率领文武官员庄严宣誓：绝不退却，绝不投降，誓与镇海共存亡，并最终以身报国，表现了这位爱国将领的气节。

国事重于儿女情

儿女情君固[1]不免，然忠[2]义[3]事大。

注 释：

〔1〕固：本，固然。

〔2〕忠：忠诚。这里主要指忠于国家。

〔3〕义：正义。

题 解：

这段话录自《书裕靖节公死节事略》。

1841年10月，英军炮击镇海。裕谦亲自登城指挥作战。战场上硝烟弥漫，杀声震天。负责镇守招宝山的浙江提督余步云贪生怕死，到城上向裕谦哀告："我应该去战死，可家中老小怎么办呢？我女儿今日出嫁，如何是好？"裕谦厉声回答："儿女情君固不免，然忠义事大。"说完又投入了战斗。

无情未必真豪杰！谁没有父母儿女，谁不思恋亲人。然而，面对侵略者，国家的利益高于一切。为了保卫祖国，甘愿出生入死，这是抗英斗争中爱国官兵高尚情怀的写照。

陈化成

陈化成（1776—1842），福建同安人。字业章，号莲峰。历任总兵、提督。1840年在福建水师提督任内，率军屡次击退入侵英舰。同年调任江南提督，铸造铜炮、炼制火药、修建炮台、训练军队，积极在吴淞口设防。1842年6月16日英军进犯吴淞炮台时，率部英勇抵抗，击伤英舰多艘，并以肉搏战打退敌人进攻。后因两江总督牛鉴从宝山溃逃，英军登陆，吴淞炮台腹背受敌。陈化成率孤军奋战，多处受伤，仍手执旗帜督战。当英军登上炮台时，他拔出佩刀，拼力肉搏，战至腹破肠出，壮烈牺牲，时年66岁。

武臣当以捐躯为幸

武臣[1] 卫国，死于疆场[2]，幸[3] 也，尔等[4] 勉[5] 之。

注 释：
〔1〕 武臣：武将，武官。
〔2〕 疆场：战场。
〔3〕 幸：幸运。
〔4〕 尔等：你们。
〔5〕 勉：勉励。

题 解：
这段话录自《江南提督陈忠愍公殉节略》。

1841 年 10 月，英军攻陷镇海、宁波，两江总督裕谦等爱国官兵英勇牺牲。江南提督陈化成得此消息后，满含热泪对诸将说：武臣的天职就是保卫祖国，能够在战场上为国捐躯是幸运的，你们要用他们的事迹勉励自己。陈化成此言表现了鸦片战争中爱国将领为民族利益勇于战斗、视死如归的英雄气概。

洪秀全

洪秀全（1814—1864），广东花县人。原名仁坤。出身农民家庭。1843年创立拜上帝会。著有《原道救世歌》《原道醒世训》《原道觉世训》，号召人民信仰天父上帝，击灭封建皇帝"阎罗妖"，为实现"天下一家，共享太平"的理想而奋斗。1851年1月11日率众在广西桂平金田村起义，建号太平天国，称天王。1853年3月占领南京，改南京为天京，建立太平天国政权。此后，分兵进行了北伐、西征和天京城外的破围战，至1856年上半年，除北伐失利外，太平军在湖北、江西、安徽和天京附近等战场都取得重大胜利，达到军事上的全盛时期。其间，制订颁发了《天朝田亩制度》等一些具有进步意义的制度和政策。1864年6月病逝，时年60岁。

述 志 诗

手握乾坤杀伐权[1]，
斩邪留正解民悬[2]。
眼通西北江山外，
声振东南日月边。
展爪似嫌云路小，
腾身何怕汉程偏[3]。
风雷鼓舞三千浪，
易象飞龙定在天[4]。

注 释：

〔1〕 乾坤：天地。

〔2〕 解民悬：解除人民的苦难。

〔3〕 汉程偏：汉，天河；汉程，天河的路程。汉代谶纬迷信，有"王者有道，则河直如绳"之说。这里汉程偏，意为王者无道。

〔4〕 易象飞龙定在天：古时把"飞龙"比喻帝王。《易经·乾卦》讲"飞龙在天"，意思是说帝王居高位而临下。易象，周文王所做的《易经》爻辞叫做象辞，"易象"就是《易经》象辞。这句话的意思是人民反抗封建统治的革命斗争一定会胜利。

题 解：

该诗录自《干王洪仁玕亲笔供辞》，载《逸经》1936 年 12 月第 20 期。

鸦片战争后，随着列强的入侵、一系列不平等条约的签订，给中国人民带来深重的灾难，民族危机和社会矛盾日益加剧。为救亡图存，反抗侵略与压迫，中国社会各阶级从各自的立场出发，对民族和国家的出路进行了探索，提出各自的主张和方案。农民是外国侵略者和清王朝统治者的主要压迫对象和反抗力量。1842 年至 1850 年间，全国各族人民的反清起义多达百余次。1851 年 1 月，洪秀全在广西省桂平县金田村发动起义，建号太平天国，1853 年 3 月占领南京，定为首都，改名天京，宣告与清王朝对峙的太平天国农民政权建立。1864 年 6 月，在中外反动势力的联合镇压下，太平天国起义失败。但是，太平天国起义历时 14 年、转战 18 个省，沉重打击了清王朝的统治和外国侵略势力，并促使各地各民族反清斗争风起云涌。

1837 年春，洪秀全在广州参加科举考试期间，目睹考场徇私舞弊、清朝政治腐败的现状，激愤异常。他回家后忧愤成疾，卧床数十天。病中，他作出这首闪耀着刀光剑影、充满激情的七律诗，抒发自己决心斩除邪恶、救人民出水火的雄心壮志。后人称此诗为《述志诗》。

吟 剑 诗

手持三尺定山河[1]，

四海为家共饮和[2]。

擒尽妖邪归地网[3]，

收残奸宄落天罗[4]。

东南西北效（敦）皇极[5]，

日月星辰奏凯歌。

虎啸龙吟光世界[6]，

太平一统乐如何！

注 释：
[1] 三尺：三尺剑的简称。比喻武装斗争。

[2] 四海：古人认为我国疆土四面滨海，因此称全国、国内为四海。饮和：平等相处。

[3] 妖邪：太平天国称清王朝统治者为"妖""妖邪""妖魔""妖精""阎罗妖"等。

[4] 奸宄：宄（guǐ），违法作乱的人。奸宄：坏人。

[5] 敦：鼓励、希望、敦促；皇极：皇位，至高无上。此句的意思是全国人民都希望洪秀全赶快起来革命，掌握政权。

[6] 啸：兽类长声吼叫；吟：鸣。这句话的意思是，要进行惊天动地的斗争，使世界重现光明。

题 解：
该诗录自《干王洪仁玕亲笔供辞》，载《逸经》1936年12月第20期。

1843年7月，洪秀全请清远县的著名铁匠"打铁罗"铸造重数斤、长三尺的宝剑两把，上刻"斩妖剑"三字。得剑后，洪秀全朗诵这首诗以明志。诗中充满了他对邪恶势力的愤慨和通过武装斗争建立一个"太平一统"的理想社会的强烈愿望。后人称此诗为《吟剑诗》。

洪仁玕

　　洪仁玕（1822—1864），广东花县人。字益谦，号吉甫。太平天国后期领导人之一。洪秀全的族弟。1843 年参加洪秀全创立的拜上帝会。1851 年金田起义后，先后在香港避居六年，接受了较多的西方资本主义思想。1859 年 4 月辗转来到天京。5 月受命为干王，总理朝政并兼管外交事务。同年著成带有资本主义色彩的施政纲领——《资政新篇》，主张学习西方资本主义思想文化与科学技术，革新政治，发展经济，在当时具有进步意义，被洪秀全下令镌刻颁布。但是限于当时的历史条件，这一纲领未能付诸实施。后对太平天国内政外交多所建议。1864 年 7 月天京失陷后，保护幼天王洪天贵福出走。10 月 9 日夜在江西石城被俘，忠贞不屈。11 月 23 日在南昌就义，时年 42 岁。

干王洪仁玕亲笔供辞（节录）

……人各有心，心各有志。故赵宋[1] 文天祥[2] 败放（于）五坡岭[3]，为张宏范[4] 所擒。传车送穷[5]（北）者，亦只知人臣之分当如此，非不知人力之难与天抗也。予每读其史传及《正气歌》[6]，未尝[7] 不三叹流涕也。今予亦只法[8] 文丞相[9]（而）已。

注 释：

〔1〕赵宋：指宋朝。因宋朝国君为赵姓，故又称赵宋。

〔2〕文天祥（1236—1283）：字宋瑞，别号文山。南宋吉州庐陵（今江西吉安）人。1276 年任右丞相兼枢密使，被派往元军谈判，遭拘留。脱逃后率兵在福建、江西一带坚持抗元，收复州县多处。不久为元军所败，退入广东，继续抵抗。1278 年 10 月被俘。次年被押送到元大都（今北京）。被囚三年，屡经威逼利诱，始终不屈，至 1283 年 1 月 9 日在都城柴市从容赴死。

〔3〕五坡岭：今广东省海丰县北。

〔4〕张宏范：元将。

〔5〕传车送穷：应为"传车送穷北"，出自文天祥的《正气歌》。传车：古代驿站的专用车辆；穷：极；穷北：极北，指北方遥远的地方。

〔6〕《正气歌》：文天祥于殉国前一年在狱中所作的一首传诵千古的诗，表明他面对元朝统治者的威逼利诱而始终不渝，是因为有勇于献身祖国的浩然正气。

〔7〕未尝：未曾。

〔8〕法：仿效。

〔9〕文丞相：指文天祥。

题 解：

这段话录自《干王洪仁玕亲笔供辞》，载《逸经》1936 年 12 月第 20 期。

洪仁玕在这段自述中表达了对南宋杰出的政治家文天祥的崇敬之情，并决心效法文天祥，为太平天国革命事业不惜牺牲自己的生命。

绝 命 诗

英雄正气存，有如虹辉煌；
思量今与昔[1]，忿然挺胸膛。

一言临别赠，流露壮思飞；
我国祚虽斩，有日必复生[2]。

注 释： 〔1〕 今：指被俘后。昔：指太平天国革命时期的峥嵘岁月。
〔2〕 祚（zuò）：皇位。这句的意思是：太平天国虽然夭折了，但它所为之奋斗的革命事业有朝一日必会成功。

题 解： 此诗原文失传，现存英文译诗，载 1865 年 3 月 25 日《北华捷报》（North China Herald）。中译文见简又文《太平天国全史》（下）。
这首诗是洪仁玕在临刑前所作，表现了他英勇无畏的浩然正气和对革命事业必定胜利的坚定信念。

陈玉成（1837—1862），广西藤县人。太平天国后期领导人之一。1851年1月参加金田起义。1854年6月随太平军西征，在湖北、安徽等地转战，多有战功。1856年奉命援救江苏镇江，大破清军。1857年10月因战功受封为成天豫、又正掌率，与李秀成等同主军政。1858年受封前军主将。9月为解天京之围，与李秀成部在江苏浦口歼敌万余人，击溃清军江北大营。因战绩卓著，1859年6月受封为英王。1860年5月又会同李秀成、李世贤等五路大军击溃清军江南大营。1862年5月率部自庐州突围，被太平天国降将苗沛霖诱捕，解送至颍州，交给清政府"督办皖豫剿匪事宜"的钦差大臣胜保。陈玉成英勇不屈，于6月4日在河南延津就义，时年25岁。

陈玉成

斥 敌

玉成既为苗沛霖所赚[1]，解至胜保营。玉成入，胜保高坐，腭[2]眙[3]曰："成天豫[4]何不跪也？"玉成曰："吾英王，非成天豫，奚[5]跪为？尔本吾败将，何向吾作态！"胜保曰："然则曷[6]为我擒？"玉成曰："吾自投罗网，岂尔之力。吾今日死，苗贼[7]明日亡耳！尔犹记合肥官亭，尔骑兵二万，与吾战后，有一存者乎？"胜保默然。予酒食，劝之降。玉成曰："大丈夫死则死耳，何饶舌[8]也！"

注 释：

〔1〕赚：诳骗。

〔2〕腭：疑为"谔"字之误。意为直言。

〔3〕眙：直视，瞪着眼。

〔4〕天豫：太平天国后期的爵位之一。《天朝爵职称谓》记载："六等爵名目：天义、天安、天福、天燕、天豫、天侯。"六爵先在王位之下，后则降在天将、朝将、主将之下。因陈玉成屡有战功，得天王洪秀全器重，于1857年被提拔为全军又正掌率，进爵成天豫，1859年又封其为英王。

〔5〕奚：疑问词，何。

〔6〕曷（hé）：疑问词，怎么。

〔7〕苗贼：指苗沛霖。他于1856年在家乡安徽凤台组织地方武装，同捻军作战，次年投靠清将胜保。1861年又举兵抗清，被太平天国封为奏王。1862年再度降清，诱捕陈玉成献给胜保。

〔8〕饶舌：多嘴，唠叨。

题 解：

这段对话摘自佚名《陈玉成被擒记》。

陈玉成斥敌生动地记述了陈玉成被捕后怒斥清朝官吏时的大义凛然，表现了他对太平天国革命事业的无限忠贞和英勇不屈的气节。

赖文光（1827—1868），广西人。太平天国遵王，捻军后期首领。1851年参加金田起义。1858年转战湖北、安徽。1860年参加二破江南大营之役。1861年随英王陈玉成西征，封遵王。安庆失守后，于1862年初奉命远征西北。1864年天京失陷后，率太平军余部与捻军会合，被推为首领，以太平天国的兵制、兵法整编训练捻军，并采用骑兵与清军展开运动战。1865年5月在山东曹州高楼寨击毙清将科尔沁亲王僧格林沁。1867年1月在湖北安陆击败提督郭松林所部湘军并生擒郭松林；在德安歼总兵张树珊所部淮军并击毙张树珊；2月在安陆大败提督刘铭传所部淮军；3月在蕲水击杀湘军将领彭毓橘。8月捻军在山东被清军围困。12月率部在山东寿光与清军决战，失利后率二千余骑兵突围南下。次年1月受伤被俘，在扬州就义，时年41岁。

赖
文
光

赖文光自述（节录）

古之君子[1]，国败家亡，君辱臣死，大义[2]昭然[3]。今予[4]军心自散[5]，实天败于予，予何惜[6]哉！惟死以报邦家[7]，以全[8]臣[9]节[10]焉。

注　释：

[1] 君子：指人格高尚的人。

[2] 大义：正气，正义。

[3] 昭然：很明显的样子。

[4] 予：我。

[5] 军心自散：指捻军军心已经涣散。

[6] 惜：惋惜。

[7] 邦：国；邦家：国家。这里指太平天国。

[8] 全：成全。

[9] 臣：指赖文光。

[10] 节：革命气节。

题　解：

这段话录自故宫博物院藏《赖文光自述》抄件。

赖文光被俘后，在狱中撰写自述，阐述了太平天国和捻军给清军以沉重打击的辉煌功绩，并慷慨陈词，表示誓死忠于太平天国的革命事业。

这篇自述不仅具有历史价值，而且对近代民主革命产生了积极影响。以孙中山为首的资产阶级革命政党——中国同盟会的机关报《民报》，全文刊发了赖文光自述，以宣传太平军和捻军的事迹，继承他们的斗争传统，激励仁人志士从事反清革命。

冯子材

　　冯子材（1818—1903），广东钦州人。字南干，号萃亭。1862年任广西提督，1875年调任贵州提督，1881年再回任广西。1882年以疾病退职。中法战争爆发后，以广东高、雷、钦、廉四府团练督办参战。1885年2月被两广总督张之洞起用为广西关外军务帮办，大败法军于镇南关，攻克文渊、谅山，重创法军司令尼格里。1886年授云南提督。中日甲午战争期间奉调率军驻守镇江。1900年义和团运动中赴北京防守。1901年调任贵州提督。1903年9月病故。

抗法誓言

法军再入关^[1]，何颜见粤民^[2]？必死拒之^[3]！

注　释：

〔1〕入关：指广西的门户镇南关，今友谊关。1885 年 2 月 23 日，法军在占领战略要地谅山之后又乘势侵占镇南关，随后炸毁镇南关城墙及附近工事，退至文渊。故冯子材率军赶赴前线之前有"法军再入关"之言。

〔2〕粤：广西。

〔3〕拒：抗拒、抵抗。

题　解：

此句录自《清史稿》卷 459，中华书局 1977 年 8 月版。

1883 年 12 月，法国侵略军悍然向驻扎在北圻的中国军队发起进攻。1884 年 3 月，北宁失守。清政府忙调兵遣将，起用冯子材这位熟悉边情的老将督办团练。1885 年 1 月底，法军主力 7000 余人向广西边境大举进军，2 月 13 日占领战略要地谅山，23 日又乘势侵占镇南关，25 日炸毁镇南关城墙及附近工事，退回文渊。此时，冯子材率军赶到前线，毅然担负起保卫祖国西南边疆的重任。行前，他嘱托家人：万一军有不利，百粤就非我所有，要带家眷、奉香火驰归江南祖籍，永为中国民，免受外人奴役。他还把两个儿子带在身边，准备万一自己战死沙场，由儿子料理后事。冯子材亲临前线，遍勘各处山隘，确定以镇南关北地势险要的关前隘作为预设战场，构筑长墙，挖掘深堑，修筑堡垒，并排兵布将。3 月 23 日晨，法军 2000 余人由尼格里指挥趁大雾侵入镇南关，企图前后夹击关前隘清军阵地。冯子材率部坚守长墙，拼死顶住法军进攻，他高呼："法军再入关，何颜见粤民？必死拒之！" 24 日，法军以重炮猛轰长墙，掩护沿谷地推进的法军猛攻关前隘阵地。冯子材号令全军：有进无退！待敌人接近长墙时，他率先持矛跃出长墙，冲入敌阵。全军将士受到鼓舞，向敌人冲去。法军三面受敌，逃至关外，退回谅山。随后几日，冯子材乘势再战，重伤尼格里，克复文渊、谅山等地。镇南关——谅山大捷显示了老将冯子材及清军将士英勇顽强地捍卫祖国领土的不屈精神。

邓世昌

　　邓世昌（1849—1894），广东番禺人。字正卿。1867 年考入福州船政学堂，学习测量和驾驶。毕业后历任海东云、振威、飞霆、致远等舰管带（舰长）。1888 年晋升总兵。邓世昌西学甚深，治军严谨，精于训练，被时人赞誉"使船如使马，鸣炮如鸣镝（箭头），无不洞合机宜。"甲午中日战争时，他多次表示要与日军决一死战的决心，并以此激励部下，深为将士敬重。1894 年 9 月 17 日，北洋舰队在黄海海面大东沟遭到日本舰队的突然袭击，他率致远舰奋勇冲锋，与诸舰相配合，重创日舰比睿、赤诚、西京三舰。海战中，致远舰炮弹用尽，舰受重伤，他命令开足马力，直冲日舰吉野，准备与敌同归于尽。不幸致远舰被敌鱼雷击中沉没，全舰二百五十余名官兵除少数人遇救外，大部壮烈牺牲。他坠海后，誓与军舰共存亡，拒绝了随从给他的救生圈和鱼雷艇的救助，"仍复奋掷自沉"，时年 45 岁。

誓死抗敌

设有不测[1]，誓[2]与日舰同沉！

注 释： 〔1〕 设：假如，倘若。测：估计，猜度，预料。此句之意为如果遇到没有预料到的事。
〔2〕 誓：发誓，宣誓，此处意为表示决心。

题 解： 这段文字见于蔡尔康编《中东战纪本末·大东沟海战》卷4，1897年图书集成局出版。

1894年至1895年，日本侵略中国，因战争爆发于农历甲午年，故称甲午战争。战争中，爱国官兵血战疆场，宁死不屈，谱写了可歌可泣的爱国史诗。

上文是邓世昌在甲午中日战争爆发后常对部下说的一句话，表现了他誓死抗敌的决心，而他在黄海战役中壮烈殉国，则用行动实践了他的誓言。

刘步蟾

　　刘步蟾（1852—1895），福建侯官人。字子香。16 岁考入福州船政学堂，学习航海、驾驶，勤勉精进，成绩优异。1875 年后先后赴法、英两国留学，研习枪、炮、水雷诸术。1885 年赴德国购回定远舰，先后任该舰副管带、管带（舰长）。1888 年升副将、北洋海军右翼总兵。1894 年 9 月 17 日，北洋舰队在黄海海面大东沟遭到日本舰队突然袭击，双方展开激烈海战。刘步蟾率定远舰（北洋海军旗舰）冲锋在前，率先向敌舰发动猛攻，与诸舰配合重创日本比睿、赤诚、西京丸三舰。在提督丁汝昌负伤后代为指挥战斗，击伤日军旗舰松岛号，迫使日本舰队仓皇遁去。战后以功晋记名提督。1895 年年初，日军进犯北洋舰队基地威海卫，刘步蟾率定远舰官兵和其他舰船与炮台密切配合，协同作战，先后击退敌人八次进攻。后定远舰中炮受伤。2 月 10 日，舰上弹药亦已用尽，无力再战。为使战舰不落敌手，刘步蟾遂下令炸沉定远舰，并于当天夜里服毒殉国，时年 43 岁。

誓死报国

苟[1]丧舰，将自裁[2]！

注　释：　[1] 苟：假设，如果。
　　　　　　[2] 自裁：即自杀。

题　解：　这句话见于英人泰莱著、张荫麟译《甲午中日海战见闻记》（载于《东方杂志》第28卷第7号，1931年4月出版）。

上文是北洋舰队旗舰舰长刘步蟾在甲午中日战争爆发后立下的誓言，表现了他英勇抗敌、誓死为国的决心，而他最终炸沉战舰、以身殉国，实现了自己的誓言，令人感佩。

王 韬

王韬（1828—1897），江苏长洲人。原名利宾，字紫诠，号仲弢，别号弢园老民。虽家境贫寒，但却因天资聪颖，博览群书，18岁即中秀才。1849年离家赴上海，供职于英国教会办的墨海书馆。1862年回乡，因上书太平天国被清政府通缉，遂逃往香港，其间受聘于英国传教士理雅各，协助将中国的儒学经典译成英文出版，并兼任《华字日报》主笔。1867年至1870年间，应邀前往英国译书，并游历英、法、俄等国，眼界顿开。1874年在香港主编《循环日报》，主张变法自强。1884年回上海主持格致书院。著有《弢园文录外编》等数十种著作。1897年病逝于上海，时年69岁。

伦敦题照

九万沧溟掷此身[1]，谁怜海外一逋臣[2]。
形容不觉随年改[3]，面目翻嫌非我真。
尚戴头颅思报国[4]，犹馀肝胆肯输人[5]。
昂藏七尺终何用，空对斜曛独怆神。

注 释： 〔1〕 意为自己远在数万里之外的伦敦。
〔2〕 逋臣：逃亡的臣子，此处指作者自己。
〔3〕 形容：容貌。此句意为不知不觉中自己已非盛年。
〔4〕 尚：还，尚且。
〔5〕 犹：还，尚且。馀：剩下的。输人：从内容看不是输给某个人，而是不甘列强侵略并和西方列强竞争之意。

题 解： 此诗句摘自上海图书馆藏清稿本《漫游随录》，写作年代在1868年。

1862年冬，王韬用"天父天兄天王太平天国辛酉十一年十二月二十三日"的纪元年月日号，按照太平天国文书的格式，给管辖他家乡一带的太平天国官员刘肇钧上书，为太平军献策。此上书被清军缴获，王韬因此被清政府指为"通贼"。此后，他被迫背井离乡。在伦敦期间，伦敦画馆为他绘制了多幅肖像，悬挂在画馆阁中，并赠送给他十二幅。他在画像后题了两首七律，上文所录便是第一首。当时，国家的灾难、个人的不幸充斥着他的心，但诗中强烈抒发的是对祖国的深深眷恋之情，寄托着希望祖国奋发图强的愿望，表明只要自己一息尚存就想要报效祖国。而他后来发表的《变法自强》等多篇政论，鼓吹中国必须变法，实行君主立宪，发展资本主义工商业以自强，正是他报效祖国的一种方式，也使他成为变法维新思想的先驱。

谭嗣同

谭嗣同（1865—1898），湖南浏阳人。字复生，号壮飞。早年入新疆巡抚刘锦棠幕，曾游历西北、东南各省。中日甲午战争后，为救亡图存，在浏阳倡立算学馆，并游历北京、天津、上海、南京，吸取和钻研西方自然科学及社会政治学说。1896年著成《仁学》一书，要求冲决纲常名教的封建网罗，猛烈抨击了封建专制制度。1897年协助湖南巡抚陈宝箴、按察使黄遵宪等设立时务学堂，筹办新政。1898年倡设南学会、创办《湘报》，宣传维新变法。同年8月，因翰林院侍读学士徐致靖推荐被召入京，任四品卿衔军机章京，参预新政。9月21日，慈禧太后发动戊戌政变，囚禁了光绪皇帝，废除了大部分新政，并逮捕维新志士。谭嗣同临危不避，说："各国变法无不从流血而成，今日中国未闻有因变法而流血者，此国之所以不昌也。有之，请自嗣同始。"遂慷慨赴难，决心用自己的牺牲去唤醒国人。9月24日在北京浏阳会馆的住所内从容被捕，28日与林旭等五人同时被杀，时年33岁，为戊戌六君子之一。

狱中题壁

望门投止思张俭[1]，
忍死须臾待杜根[2]。
我自横刀向天笑，
去留肝胆两昆仑[3]。

注 释：

[1] 据《后汉书·张俭传》记载，张俭因弹劾权贵遭祸，逃亡在外，望门投宿，这些人家敬重张俭的品德和行为，多冒险收留他。这里是说自己因参与戊戌维新而入狱，于是想起张俭。

[2] 据《后汉书·杜根传》记载，杜根因要求临朝听政的邓太后归政于皇帝而触怒太后，被命摔死，因施刑者敬慕杜根的品行而手下留情，未死。为防邓太后派人检查，他诈死三日，瞒过邓太后，得以逃亡。邓太后死后，复官为侍御史。这里作者以忍死的杜根自比。

[3] 两昆仑：指康有为和大刀王五。康有为是谭嗣同所敬仰的维新运动的旗手、杰出的政治家和思想家；大刀王五名正谊，为人豪侠，擅舞大刀，与谭嗣同是莫逆之交。这句是说自己即将赴难，希望活着的与自己肝胆相照的康有为、王五能有所作为。

题 解：

这首诗载于 1898 年 12 月 23 日出版的《知新报》第七十五册，为 1898 年 9 月 25 日至 28 日之间谭嗣同身陷囹圄时所写。

甲午战争中国战败，日本强迫清政府签订《马关条约》，民族危机加深，引发了救亡图存的维新变法运动。维新变法遭到以慈禧太后为首的封建顽固势力的反对和镇压，1898 年 9 月 21 日，慈禧太后发动政变，废除新法，杀害谭嗣同等六位维新志士，这场资产阶级性质的维新运动最终失败。

谭嗣同在诗中提到东汉人张俭和杜根，钦佩他们刚直不阿、不畏权贵的高尚品质，将他们引为同道，也期盼着能有张俭和杜根那样的人出现，继续自己变法维新的未竟事业。面对封建顽固势力的屠刀，谭嗣同发出笑迎死亡的咏叹，悲壮豪迈，慷慨激昂，表现出视死如归的英雄气概和浩然之气。

临 终 语

有心杀贼[1]，无力回天。
死得其所[2]，快哉快哉[3]。

注 释：

[1] 贼：指袁世凯、荣禄及封建顽固势力。百日维新期间，维新派与顽固派之间的斗争剑拔弩张。慈禧太后与任直隶总督兼北洋事务大臣的荣禄密谋，利用 10 月间光绪帝在天津阅兵之机，以武力强迫光绪帝退位，一举扑灭新政。光绪帝知情后，于 9 月 14 日密诏康有为等求救。谭嗣同便密访握有兵权的袁世凯，请求他在阅兵时勤王，杀死荣禄。袁世凯当面答应，背后却向荣禄告密，随后就发生了戊戌政变。因此，谭嗣同对袁世凯之流十分痛恨。

[2] 这句是说为维新变法事业而死，死得有意义，死有所得。

[3] 快：痛快，愉快。

题 解：

这首诗录自 1953 年三联书店出版的《谭嗣同全集》。

1898 年 9 月 28 日，谭嗣同与刘光第、林旭、杨锐、杨深秀、康广仁等"戊戌六君子"被押往宣武门外菜市口刑场。临刑前，谭嗣同想到变法失败，光绪皇帝被囚禁，维新志士被捕杀，不禁吟出要杀投机告密的袁世凯和镇压维新运动的荣禄等顽固派，但变法已失败，自己也行将被杀害，不得不发出"无力回天"的感叹。然而，为变法强国而流血，为唤醒人们去冲击封建专制制度而牺牲生命是值得的，是高兴的。正是因为这首脍炙人口的绝命词充满了为改革维新以死相拼、勇往直前的战斗豪情和大无畏的精神，所以一直感染和激励着后人。

刘光第

　　刘光第（1859—1898），四川富顺人。字裴村。光绪进士。1883 年任刑部主事。中日甲午战争后曾上书敦促光绪帝变法维新。1898 年参加保国会。经湖南巡抚陈宝箴推荐，9 月 5 日被授予四品卿衔军机章京，参预新政。他为官清廉，不媚权贵，并与谭嗣同一起驳斥湖南守旧派请杀康有为、梁启超的上书。戊戌政变时被捕，于 9 月 28 日在北京与谭嗣同等同时遇害，时年 39 岁，为戊戌六君子之一。

不媚权贵

受爵公朝 [1]，拜恩私室 [2]，吾勿为也 [3]。

注 释：

〔1〕 受：接受。爵：爵位，指君主所封之官的等级。受爵公朝：指作者被授予四品卿衔军机章京（军机处办理文书事务的官员）。公朝：即朝廷。

〔2〕 私室：私人之家。此句意为讨好亲贵。

〔3〕 吾：我。勿：不。为：行为。此句意为不是我所做的。

题 解：

据 1932 年出版、燕京大学国学研究所印行的《碑传集补》刊印。

戊戌变法期间，刘光第被授四品卿衔军机章京。按官场旧例，凡新得官职，总要竭力讨好上级，以谋求现有官职的稳定和更高的官职。刘光第为人耿直，不媚权贵。当首辅礼亲王生日时，他的同事都送礼品前往祝贺，而他既不送礼，也不去祝贺，表现出封建社会中一个正直官吏的刚正品格。这在当时腐败的清朝官场是极为可贵的。

严
复

严复（1854—1921），福建侯官人。字又陵、几道，晚号愈野老人。福州船政学堂第一届毕业后，留学英国海军学校，其间研究英国的社会制度和资产阶级的社会政治学说。1879年回国，任福州船政学堂教习。1880年任天津北洋水师学堂总教习，后升总办，执教二十年。中日甲午战争后，在天津《直报》上发表《论世变之亟》等多篇论文，主张学习西方，变法维新。后译《天演论》，其中的"物竞天择，适者生存"的进化论观点对当时思想界震动很大。至辛亥革命前，共翻译了八部世界名著，系统介绍了西方资产阶级的社会政治学说和科学文化，成为近代中国的启蒙思想家。1921年10月病逝于福州，终年69岁。

戊戌八月感事

求治翻为罪[1]，明时误爱才[2]，

伏尸名士贱[3]，称疾诏书哀[4]。

燕市天如晦[5]，宣南雨又来[6]。

临河鸣犊叹[7]，莫遣寸心灰[8]。

注 释：

[1] 求治：指变法维新运动。翻：同"反"。这句的意思是维新派的变法运动被封建顽固派指为犯了大罪。

[2] 明时：指光绪执政时期。此句是说顽固派指责光绪帝起用维新志士，实行变法是犯了错误。

[3] 伏尸：横尸在地。指谭嗣同、刘光第、林旭、杨锐、杨深秀、康广仁"六君子"被杀。

[4] 称疾诏书：指慈禧在戊戌政变中把光绪皇帝囚禁在瀛台，并以光绪的名义发布一道诏书，说因病请太后垂帘听政一事。哀：悲哀。

[5] 燕市：北京城，因奴隶社会时是燕国的统治中心，后人便称北京为燕京。天如晦：白天如同黑夜。

[6] 宣南：北京宣武门之南，为"六君子"遇害之地。

[7] 据《史记·孔子世家》记载：孔子在从卫国去赵国求职的路上，听说赵国的君主杀了贤大夫窦鸣犊，便临河兴叹，终止去赵。严复是参与了维新运动的，曾受命作《拟上皇帝书》。戊戌政变时，他返回天津水师学堂，所以借临河兴叹这一典故表示对清政府的失望。

[8] 莫遣：不要使得。寸心：区区之心。这句的意思是说尽管顽固派镇压维新运动、杀害维新志士，自己也不要灰心。

题 解：

这首诗载于1986年中华书局出版的《严复集》第二册，写于1898年9月戊戌政变后不久。

当时，以慈禧太后为首的封建顽固势力残酷镇压了变法维新运动，废除了大部分新政，一时黑云压城。作者抑制不住满腔悲愤，谴责顽固势力的残暴，哀悼为变法而献身的维新志士，并表示自己决不因此而灰心。

康有为

康有为（1858—1927），广东南海人。原名祖诒，字广厦，号长素，又号更牲。1888年10月上书清帝，建议变成法、通下情、慎左右，以图中国富强。1890年至1893年间在广州长兴里万木草堂聚徒讲学，宣传维新理论，培养维新人才。1895年《马关条约》签订时，联合在京会试的一千三百多名举人上书清帝，要求拒签和约，迁都抗战，变法图强。中进士后，授工部主事，但未就职。8月在京组织强学会，编印《中外纪闻》。又在上海设立强学分会，创办《上海强学报》，推动各地组织学会，设立学堂、报馆，鼓吹变法维新。1898年4月在北京成立以"保国、保种、保教"为宗旨的保国会。9月戊戌政变发生，被清政府以"结党营私，莠言乱政"的罪名通缉，逃亡国外。著有《新学伪经考》《孔子改制考》《戊戌奏稿》《大同书》等。1927年在青岛病逝，终年70岁。

戊戌轮舟中绝笔书

我专为救中国，哀四万万人人之艰难而变法以救之，乃蒙此难[1]。惟来人间世，发愿[2]专为救人起见，期皆至于大同太平之治[3]。将来生生世世历经无量劫救此众生[4]，虽频经患难无有厌改[5]。愿我弟子、我后学体吾此志[6]，亦以救人为事，虽经患难无改也[7]。地球诸天随处现身，本无死理[8]。至于无量数劫，亦出世救人而已，聚散生死理之常，出入其间何足异哉[9]。

光绪二十四年八月九日[10]康长素遗笔

到此亦无可念[11]，一切付之，惜吾母吾君之恩未能报而可念耳[12]。

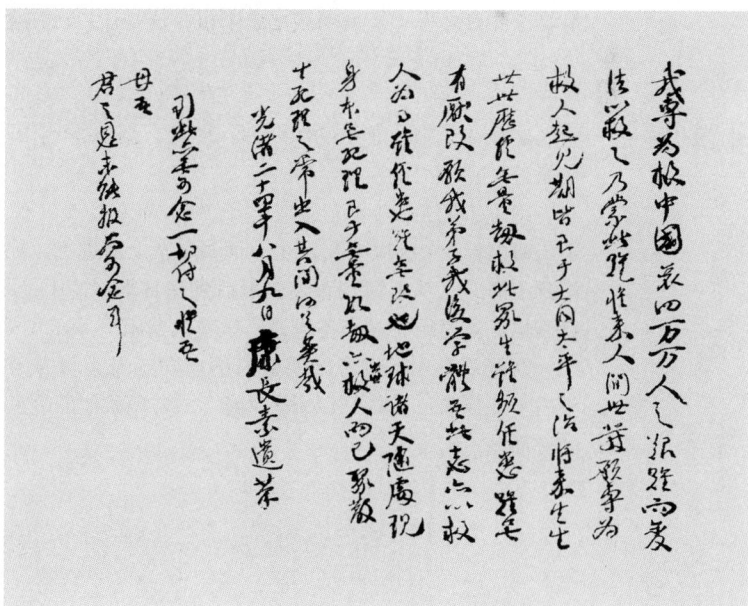

《戊戌轮舟中绝笔书》手迹

注 释：

〔1〕 乃：于是。蒙：受。难：指戊戌政变发生，被迫出逃一事。

〔2〕 发愿：立志的意思。

〔3〕 期：期望。皆：指所有的大众。大同太平：即作者设想的人类历史进程中的理想世界——"大同世""太平世"。自1885年起，作者开始撰写《人类公理》（成书时定名《大同书》），他认为在大同之世，没有国家，没有阶级，一切平等，财产公有等，表现出民主主义的平等精神和社会主义的空想。这句的意思是说希望所有的人都能进入大同之世。

〔4〕 无量：无数。劫：灾难。

〔5〕 频：屡次。无有厌改：没有改变。这句是说自己立志要救众生，并因此而屡经患难，却没有改变。

〔6〕 弟子：学生。后学：将来的学者。体：体会。

〔7〕 以上三句是说希望自己的学生和将来的学者都能体会我的志向，也能以救人为奋斗之事，虽经患难而不改变。

〔8〕 "地球诸天随处现身"两句，是说在地球的哪一处都可以生存居留，本来没有死的道理。

〔9〕 异：惊异，奇怪。

〔10〕 光绪二十四年八月九日：即公历1898年9月24日。

〔11〕 此句是说什么都不再留恋了。

〔12〕 惜：痛惜。吾母吾君：指作者的母亲和光绪皇帝。这句是说只痛惜母亲养育之恩、皇上知遇之恩未报，这是让自己挂念的。

题 解：

这篇绝笔书写于1898年9月24日，据1934年出版的《康南海先生墨迹》刊印。

绝笔书写后20年，康有为于1918年9月5日写了一篇跋，记述了当时的情况：戊戌政变发生，他奉皇帝之命逃亡，乘英舰重庆号从天津到上海，又从上海到香港，最后到达日本。途中，闻听光绪帝已死，自己也正被通缉，遂准备投海，被英人所阻。

在绝笔书中，作者阐明自己的志向是专为救中国、救大众，并希望后学能像自己一样"以救人为事"，表现了他的改良主义思想中进步的一面。

梁启超

梁启超（1873—1929），广东新会人。字卓如，号任公，又号饮冰室主人。举人出身。1890年拜康有为为师，同倡变法维新。1895年赴京会试，与康有为发动"公车上书"。8月，参加强学会。1896年在上海主编《时务报》，发表《变法通议》，编译西书，宣传维新变法理论。1897年10月任长沙时务学堂教习，继续为变法做宣传。1898年入京，参与百日维新，以六品衔专办京师大学堂译书局。戊戌政变后逃亡日本，编辑《清议报》《新民丛报》。辛亥革命后，出任袁世凯政府的司法总长。1916年策动蔡锷组织护国军反袁。后又组织研究系，出任财政总长。"五四"时期，反对封建专制和封建文化，提倡民主与科学。曾倡导"诗界革命"和"小说界革命"，开白话文风气之先。晚年在清华学校讲学。著作编为《饮冰室合集》。1929年在京病逝，时年56岁。

水调歌头·拍碎双玉斗

拍碎双玉斗[1]，慷慨一何多！满腔都是血泪，无处著[2]悲歌。三百年来王气[3]，满目山河依旧，人事竟如何？百户尚牛酒[4]，四塞已干戈。

千金剑[5]，万言策[6]，两蹉跎[7]。醉中呵壁[8]自语，醒后一滂沱[9]。不恨年华去也，只恐少年心事，强半[10]为销磨。愿替众生病[11]，稽首礼维摩[12]。

注释：

〔1〕据《史记·项羽本纪》载：刘邦攻下咸阳后，项羽设鸿门宴，欲杀刘邦，席间却犹疑不决，使刘邦逃脱。后来，项羽的谋士范增得到了一对刘邦派人送来的玉斗，便用剑击碎，说："唉，竖子不足与谋！夺项王天下者，必沛公也。吾属今为之虏矣！"这里借用这一典故是暗指清朝统治者不识大势，不知变通，难与他们共谋改革之事。

〔2〕著：附着，这里是寄托之意。

〔3〕三百年：指清朝统治中国的二百六十余年。王气：指国运。

〔4〕百户：官名。元代军制，设百户为"百夫之长"，隶属于千户，为世袭军职。这里指清军将领。牛酒：牛和酒，是古代用来赏赐、馈赠或慰劳的物品。

〔5〕千金剑：价值千金的宝剑，这里暗指自己的军事才能。

〔6〕万言策：指自己的论说才能和救国图强的良策。

〔7〕蹉跎：指自己的才能和抱负不得施展。

〔9〕呵（hē）壁：王逸《天问序》记载：屈原被放逐后，忧愁心碎，常仰天叹息。一次，他见楚先王的庙和公卿祠堂内画有天地山川神灵及古代圣贤，便在墙壁上题字，呵而问之，以泄心中之愤。这里是借指作者失意不满的样子。

〔9〕一：助词。滂沱：指泪流不止。

〔10〕强半：大半。

〔11〕此句是说自己愿意替民众承受苦难。

〔12〕稽首：古代的一种跪拜礼，行礼时叩头碰地，是九拜中最为恭敬的礼节。维摩：即维摩诘，梵文音译。据《维摩诘经》记载，他是一位和释迦牟尼同时代的善于现身说法、很有辩才的大乘居士。这里是说

自己要像维摩诘一样向大众宣传救国的道理。

题 解： 　　这首词写于戊戌变法之前，载于 1983 年广东人民出版社出版的《梁启超诗文选》。

　　从这首词中可以看到，尽管作者不满现实，为抱负和才华不得施展而痛苦和愤懑，但结尾那句"愿替众生病"的豪言壮语，却抒发了他立志改革的强烈愿望和为理想而献身的决心，体现出这位青年政治活动家积极向上、以身许国的精神风貌。

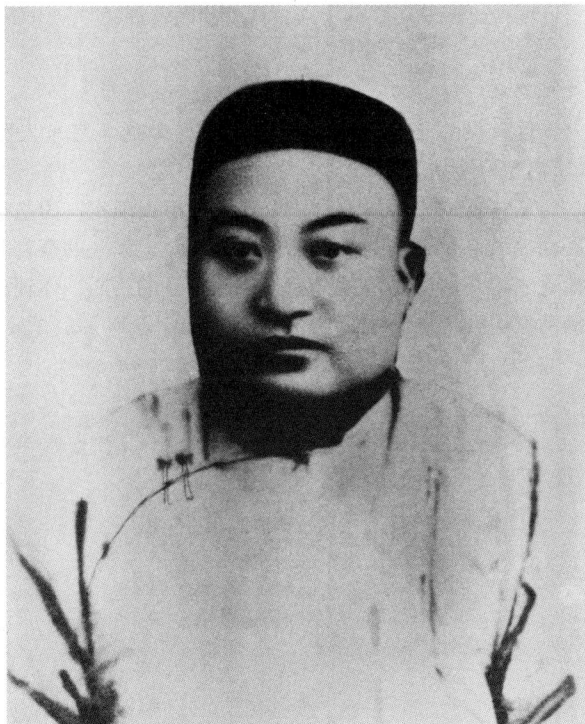

唐才常

唐才常（1867—1900），湖南浏阳人。字黻丞，佛尘。1897 年与谭嗣同在浏阳兴办算学馆提倡新学。在长沙创办时务学堂、编辑《湘学报》。1898 年又与谭嗣同创办南学会、群萌学会和《湘报》，成为南方倡导维新变法的重要人物。9 月欲赴京参与新政，行至汉口闻慈禧太后发动政变，遂出逃日本，立志"树大节，倡大难，行大改革"。1899 年冬回国，随即在上海组织正气会（次年更名自立会），后赴汉口与林圭等筹建自立军，并任诸路军督办。1900 年 8 月设自立军总部于汉口，预定 9 日各军同时起事。因待康有为汇款接济推迟起义。21 日湖广总督张之洞与英租界当局勾结，于 22 日凌晨派重兵包围总部，将唐才常及自立军骨干傅慈祥、林圭等 20 余人捕获。审讯时，唐才常大义凛然，怒斥慈禧，谓事既不成，有死而已，夫复何言，遂被杀害于武昌滋阳湖畔，时年 33 岁。

临 难 诗

七尺微躯酬故友，一腔热血溅荒丘。

徒劳口舌难为我，剩好头颅付与谁？

慷慨临刑真快事，英雄结束总如斯。

题 解： 这首诗录自中华书局 1982 年版《唐才常集》，是作者 1900 年 8 月遇难前所作，载 1900 年 9 月 19 日《汇报》第二一三号。

戊戌维新时期，作者与志同道合的挚友谭嗣同并肩战斗，共同倡导维新，疾呼变法图强。戊戌政变时，谭嗣同等六君子遇难，令作者十分悲痛，曾写挽谭嗣同联："与我公别几许时，忽警电飞来，忍不携二十年刎颈交，同赴泉台，漫赢将去楚孤臣，箫声呜咽。近至尊刚十余日，被群阴搆死，甘永抛四百兆为奴种，长埋地狱，只留得扶桑三杰，剑气摩空。"表达对于谭嗣同遇难的沉痛心情。近两年后，作者也将死于清吏之手，因此，在诗中感叹自己将用牺牲生命去酬报故友，一腔爱国的热血撒在荒丘之上，隐含着革命未能成功的遗憾。

邹容

邹容（1885—1905），四川巴县人。原名绍陶，字蔚丹。1898 年在重庆学习日语和英语，阅读报刊，接触新学，同情维新派的变法主张。1902 年留学日本，入东京同文书院，积极参加中国留学生的爱国运动。1903 年回国，在上海加入爱国学社，写成《革命军》一书，号召人民推翻清朝封建专制统治，建立中华共和国。该书由章炳麟作序刊行，《苏报》刊文介绍，广为流传，影响极大。6 月清政府勾结上海工部局逮捕章炳麟等，邹容不愿置身事外，自到英租界巡捕房投案，被判刑二年。1905 年 4 月死于狱中，时年 20 岁。1912 年 2 月被南京临时政府追赠为大将军。

《革命军》绪论（节录）

　　吾于是沿万里长城，登昆仑，游扬子江上下，溯黄河，竖独立之旗，撞自由之钟，呼天籥[1]地，破颡[2]裂喉，以鸣于我同胞前曰：呜呼！我中国今日不可不革命；我中国今日欲脱满洲人之羁缚[3]，不可不革命；我中国欲独立，不可不革命；我中国今日欲与世界列强并雄，不可不革命；我中国欲长存于二十世纪新世界上，不可不革命；我中国欲为地球上名国、地球上主人翁，不可不革命。革命哉！革命哉！我同胞中，老年、中年、壮年、少年、幼年，无量[4]男女，其有信革命而实行革命者乎？我同胞其欲相存、相养、相生活于革命也[5]，吾今大声疾呼，以宣布革命之旨于天下。

注释：

〔1〕籥（yù）：吁的古体字，呼喊之意。
〔2〕颡（sǎng）：脑门。
〔3〕羁缚：束缚。
〔4〕无量：无数。
〔5〕其欲：将要。存：慰问。养：抚育。

题解：

　　上文为1903年上海中华书局印行的《革命军》节选。

　　20世纪初，帝国主义列强对中国的侵略进一步加深，清政府的统治更加腐朽，中华民族处于生死存亡的危急关头。志士仁人为救亡图存殚心竭虑，在黑暗中探索，终于走上革命的道路。正如孙中山所说：义和团运动失败后，"国势危急，岌岌不可终日，有志之士，多起救国之思，而革命风潮自此萌芽矣"。(《有志竟成》)宣传革命的书籍报刊纷纷涌现，使民主革命思想广泛传播。

　　正是在这样的时代背景下，邹容留学日本期间，参照西方自由平等的学说，结合中国的现实情况，开始编写通俗的革命读物。1903年

4月，他从日本回到上海后，写成了《革命军》。该书由革命党人集资，于同年5月由大同书局出版，当时署名为革命军中马前卒。在书中，邹容热情讴歌革命，阐述在中国进行民主革命的必要性和正义性，主张用革命的手段推翻清王朝的专制统治。《革命军》是中国近代思想史上第一部系统地、旗帜鲜明地宣扬资产阶级民主共和国思想的名著，对民主革命影响很大，出版后多次翻印，以其巨大的感染力广为流传，销售量达100万册。孙中山后来追忆说：《革命军》一书"华侨极为欢迎，其开导华侨风气，为力甚大。"鲁迅在《坟·杂忆》中写道："倘说影响，则别的千言万语，大概都抵不过浅近直截的革命军马前卒邹容所作的《革命军》。"章太炎在为《革命军》所作的序言中更盛赞其为振聋发聩的霹雳。当时许多热血青年在读了这篇极富感染力的《革命军》之后，走上了革命的道路。1912年2月22日，孙中山以中华民国临时大总统的名义追赠邹容为陆军大将军的嘉奖令称："邹容当国民醉生梦死之时，独能著书立说，激发人心……民国今日奏功，实倚赖之。"

上文充溢着邹容强烈的爱国热忱，痛陈清朝政府的腐朽、落后与卖国，大声疾呼为使中国成为一个独立强大的国家而实行革命，读后令人振奋。

狱中答西狩

我见章枚叔[1]，忧国心如焚。

并世无知己[2]，吾生苦不文。

一朝沦地狱[3]，何时扫妖氛[4]，

昨日梦和尔[5]，同兴革命军。

注 释：

[1] 章枚叔：即章炳麟，字枚叔。

[2] 并世：当代。此句连同下句意为：这世界上除章炳麟外自己并无知己，而自己又苦于文学修养不够。

[3] 沦：沦陷、陷入。地狱：此处比喻监狱。

[4] 妖氛：比喻清朝统治者的黑暗统治。

[5] 和（hè）：追随、附和。尔：指章炳麟。

题 解：

　　这首诗刊载于 1906 年在日本东京出版的《复报》，是邹容 1904 年在上海的狱中所写，回赠章炳麟的诗《狱中赠邹容》。"西狩"即章炳麟。章炳麟（1869—1936），号太炎。浙江余杭人。1897 年任《时务报》撰述，宣传维新思想。戊戌政变后遭通缉逃亡台湾。1899 年在日本结识孙中山，1900 年返回上海，常言革命。1903 年 6 月在《苏报》发表批驳保皇派改良主义谬论的《驳康有为论革命书》，为邹容的《革命军》作序。后因苏报案入狱，1906 年 6 月刑满出狱后在日本加入同盟会，任同盟会机关报《民报》主编，抨击立宪派主张。1910 年任光复会会长。宋教仁在上海被刺后策动讨伐袁世凯被软禁，袁死后获释。1917 年参加护法军政府，任秘书长。晚年致力于学术研究，1936 年病逝于苏州。章炳麟原诗为："邹容吾小弟，被发下瀛洲。快剪刀除辫，干牛肉作馔。英雄一入狱，天地亦悲秋。临命须掺手，乾坤只两头。"赞叹邹容英雄年少，并表示在生死关头同患难、共生死。

　　此诗表明邹容虽身在狱中，仍时刻不忘反清革命事业，以致在梦中要兴起一支推翻清政府的革命军，其革命的激情如同写作《革命军》一样高涨。

吴
樾

吴樾（1878—1905），安徽桐城人。字梦霞，又字孟侠。1901年入保定高等师范学堂学习，结识赵声、陈天华等志士。1903年与杨笃生等在上海发起军国民教育会，并在保定成立支部，宣传革命。又与人创办两江公学与《直隶白话报》，自任教员、主笔，积极宣传新思想。1905年赴东北，当得知清政府为巩固皇权宣布预备立宪，并决定派载泽、端方、绍英、戴鸿慈、徐世昌等五大臣出洋考察宪政，为使这一骗局不能得逞，便潜入北京，于9月24日身藏炸弹进入北京车站，登上专车，欲炸五大臣，因人多拥挤，车厢震动，炸弹爆炸，不幸牺牲，时年27岁。孙中山在日本东京对吴樾的牺牲表示惋惜，同时肯定"影响于国内外至大"。

复妻书

来书情词恳切，尚有未了之语[1]。今特申前意，使子[2]尽晓无余。

吾所谓"复仇"者，非私子于我[3]，而为我复仇也。吾之意，欲子他年与吾并立铜像耳[4]。爱子之甚，故愿子弃生而就死[5]，以为同胞复九世之仇焉[6]。若云报吾之恩，吾何恩之有？子又何报之有？吾期望于子者，思想日渐发达，智力日渐进步，而导以民族之主义，爱国之精神者，亦为同胞起见也。子若志不在此，则人间之富贵安乐，自可操左券而得之[7]，亦以子之年华才貌足以相当也。如曰"拙钝无能为力"[8]，是直不自尊不自爱之代名词耳。天下事，人能为者，我亦能为之。"舜何人也，予何人也，有为者亦若是！"[9]子不见夫法之罗兰夫人[10]，以区区一弱女子，而造此惊天动地之革命事业。彼岂有异于人哉？[11]无异也。其所以至此者，亦由于平日明于自由之不可失，虽此身可亡，而此名不可没，故宗旨一定，方法随之，直至达其目的而后已。

今日大地之上，人莫不曰产欧洲各国之革命者，法国也；产法国之革命者，罗兰夫人也。何不一思享富贵安乐、身殁而名不称者之为得乎？[12]抑生则辱，死则荣，不惜一己之牺牲，而为同胞请命者之为得也？[13]孰得孰失，子自裁之可耳。

"身不属己"一语，尤觉太不自尊，太不自爱。夫自尊者，未有不能自立；自爱者，未有不能自治。以自立自治之身，而犹曰此身之主权不属我，则未之闻。夫人至一身而不得有主权，必其不能自立自治，而具有倚赖性者也。我国人此性特深，自不当独怪子。吾于是益恨异族专制之流毒，而使我同胞几无一人能自由矣。子前日不云乎："我自幼至长，未食我父一粒粟，未衣我父一缕布。"宜少倚赖性者。今出此言，将以拒我乎，抑未知其误也？子无事时，可扪心自问，叩此身之果具于一己与否[14]。若既具于一己，则此身之主权，当在一己矣。彼自甘奴隶者，不足语此。譬如人有夺己之钱财者，己必夺而还之，方安也。钱财之为身外物，己尚不忍弃之，而视此身之主权，乃不钱财若乎？[15]噫，异矣[16]！至谓"前此之光阴虚度，罔生于世[17]，无味之至"，是有进步之言也。夫往者不可谏，来者犹可追[18]，欲求生不虚生，请自今始。

以上云云，度未必能适子之听[19]；亦以子在今日，尚不过为文明之起点耳[20]。请将此书留之异日，以证将来之进退[21]，何如？某顿首[22]。

注释：

[1] 了：了解，理解。未了之语：指作者未婚妻对作者所讲的道理还有些不理解。

[2] 子：你。下同。

[3] 此句意为并非把你看作我的私有物。

[4] 此句意为期望革命成功后，妻子能和自己一样被人民建立铜像以示纪念，也就是希望未婚妻与自己共同从事革命事业。

[5] 就：接受。此句是说希望未婚妻牺牲个人的幸福而献身于革命。

[6] 九世：指从清世祖顺治帝入关统一中国后又经历的康熙、雍正、乾隆、嘉庆、道光、咸丰、同治、光绪共九代。复九世之仇：报这九代的仇，即推翻清朝统治者。

[7] 券：契约。操左券而得之：是说很容易得到，就像债权人拿着借券向人讨债一样。

[8] 拙钝无能为力：这是未婚妻来信中的一句话，意思是自己笨拙迟钝，没有能力。

〔9〕"舜何人也"三句：见《孟子·滕文公》上篇。意为舜和我是一样的人，舜能做到的，我也能做到，一个有作为的人就应该这样。

〔10〕罗兰夫人：（1754—1793）法国人。普拉退耳·德·罗兰的妻子。法国革命初期，尽管代表大资产阶级利益的罗兰夫妇并不主张革命，但罗兰夫人的爱国主义思想却对我国的资产阶级民主革命产生了极大影响，成为当时进步书报上经常被歌颂的人物。法国革命后期，她被送上断头台。

〔11〕彼：指罗兰夫人。岂：难道。此句意为难道她和别人有什么不一样吗？

〔12〕殁（mò）：死。身殁而名不称：死后不被人所称道。

〔13〕抑：连词，还是，或者。这几句的意思是说只知享乐偷生和为革命而牺牲这两件事相比较，哪一个更有意义呢？

〔14〕叩：问。具有一己：属于自己。此句意为自己问问自己是否属于自己。

〔15〕此句为倒装句，意为竟不如钱财吗！

〔16〕噫：叹词。异：奇怪。

〔17〕罔：无，没有。罔生于世：白白地活在世上。

〔18〕往者不可谏，来者犹可追：出自《论语·微子》篇。意为过去的事已经来不及纠正了，未来的事则可以急起直追。

〔19〕度（duó）：揣摸，估量。适子之听：使你听了满意。

〔20〕文明之起点：意为刚刚开始接受新思想。

〔21〕进退：趋势、动向。证将来之进退：是说用这封信所讲的道理来验证将来的趋势是否与之相符。

〔22〕顿：叩、磕。顿首：磕头，这是旧时书信中常用的谦词。

| 题 解：

　　这是吴樾给未婚妻的复信。吴樾牺牲后，章炳麟将此复信收入他所编的《民报》临时增刊《天讨》专号，现根据《天讨》选录。

　　吴樾是20世纪初民主主义活动家。在他短暂的一生中，以救国救民作为自己的奋斗目标，并为之奔走呼号。他牺牲前十日曾寄书友人，表明已下舍生取义之决心："我四万万同胞，人人实行与贼满政府势不两立之行为，乃得有生人之权利，不得权利，毋宁速死。""我愿四万万同胞，前赴后继，请为之先。"在这封复妻书中，他针对未婚妻"拙钝无能为力""身不属己"一类思想，娓娓阐述自己对人生的态度。他认为人活着不应为自己，而应该为国家、为同胞而献身；别人能做到的，自己也能做到；不应该消极地对待人生，而应该珍惜自己选择人生道路的权利。因此，他希望未婚妻忘却自我，投身革命，成为自己志同道合的伴侣。

　　此信言辞恳切，感情真挚，说理透彻，充分体现出这位年轻的志士热爱祖国、勇于献身的崇高革命精神。

陈天华

陈天华（1875—1905），湖南新化人。字星台，又字过庭，别号思黄。1903 年赴日本留学，入东京弘文学院师范科。同年 4 月写血书抗议俄国侵占中国东北三省，并参加留日中国学生组织的拒俄义勇队。在日本期间，著《猛回头》《警世钟》等书，痛陈帝国主义列强的侵略给中国带来的沉重灾难，揭露清政府已经成为帝国主义统治中国的工具，号召人民奋起革命，推翻清政府这个"洋人的朝廷"，建立民主共和国。1904 年同黄兴、宋教仁等在长沙创立华兴会，准备在湖南发动武装起义，事泄逃亡日本。1905 年 8 月参加组建中国同盟会，被推举为会章起草员，并任机关报《民报》的撰述员。同年 11 月日本文部省颁布《取缔清国留日学生规则》，取缔中国留学生的政治活动，禁止集会结社等。为抗议日本政府和清政府对革命学生的迫害和对爱国行动的镇压，为唤醒同胞誓死救国，陈天华愤然于 12 月 8 日在日本大森海湾投海自尽，时年 30 岁。

《猛回头》引子

大地沉沦几百秋[1]，

烽烟滚滚血横流[2]。

伤心细数当时事[3]，

同种何人雪耻仇[4]！

|注 释：　[1] 大地沉沦：指清朝统治下的中国。几百秋：指清朝入关以后统治中国的二百多年。

[2] 烽烟：古时在边疆筑高台，遇敌人来犯时，夜间烧柴草，用火光报警，称烽；白天烧狼粪，用浓烟报警，称燧，烽烟即指烽、燧。这里用来比喻战争。此句是说帝国主义列强纷纷入侵中国，战乱不休，人民流血丧生。

[3] 当时事：作者在《猛回头》中有这样的文字："俄罗斯，自北方，包我三面；英吉利，假通商，毒计中藏；法兰西，占广州，窃伺黔桂；德意志，领胶州，虎视东方；新日本，取台湾，再图福建；美利坚，也想要，割土分疆。这中国，哪一点，还有我份；这朝廷，原是个，名存实亡。替洋人，做一个，守土官长，压制我，众汉人，拱手降洋。"当时事当指文中所列。

[4] 同种：指汉族人民。

|题 解：　《猛回头》写于1903年（一说1904年）。现根据上海人民出版社1957年版中国近代史资料丛刊《辛亥革命》（二）刊印。

1901年《辛丑条约》的签订标志着以慈禧太后为首的清政府已经成为洋人的朝廷。随着20世纪初一批新兴知识分子的产生，各种宣传革命的书籍报刊纷纷涌现，传播民主革命思想。章炳麟、邹容、陈天华等便是其中的代表。在陈天华这部影响很大的书中，他面对灾难深重的祖国和人民，以激昂的爱国热忱，用通俗浅显的文字和民间唱词的形式，痛斥清政府的腐败，写出了亡国的沉痛，号召人民反对帝国主义列强、推翻清王朝，其忧愤之情溢于言表。

《猛回头》尾声

瓜分豆剖逼人来，[1]
同种沉沦剧可哀！
太息神州今去矣，[2]
劝君猛省莫徘徊。[3]

注 释： 〔1〕 瓜分豆剖：比喻国家像被切瓜剖豆一样被列强占有。
〔2〕 太息：叹息。神州：中国。此句意为为中国将被帝国主义列强吞并而叹息。
〔3〕 省：觉醒，觉悟。猛省：赶快醒悟。徘徊：犹疑不决。

题 解： 这是《猛回头》一书的结尾句，作者再次警示人们列强侵略使民族危机严重的现实，疾呼国人挽救祖国。诗句感情真挚，催人奋起。

绝命书（节录）

　　呜呼!! 我同胞其亦知今日之中国乎？今日之中国，主权失矣，利权去矣，无在[1]而不是悲观，未见有乐观者存。其有一线之希望者，则在于近来留学者日多，风气渐开也。使由是而日进不已[2]，人皆以爱国为念，刻苦向学，以救祖国。即十年二十年之后，未始不可转危为安。乃进观[3]吾国同学者，有为之士固多，可疵可指[4]之处亦不少。以东瀛为终南捷径者[5]，目的在于求利禄，而不在于居责任[6]。其尤不肖者，[7]则学问未事[8]，私德先坏，其被举于彼国[9]报章者，不可缕数[10]。近该国文部省有《清国留学生取缔规则》之颁，[11]其剥我自由，侵我主权，固不待言。鄙人内顾团体之实情[12]，不敢轻于发难。继同学诸君倡为停课，鄙人闻之，恐事体愈致重大，颇不赞成。然既已如此矣，则宜全体一致，始终贯彻，万不可互相参差[13]，贻日人以口实[14]。幸而各校同心，八千余人，不谋而合。此诚出于鄙人预想之外，且惊且惧。惊者何？惊吾同人果有此团体也。惧者何？惧不能持久也。然而日本各报，则诋为乌合之众，或嘲或讽，不可言喻。如《朝日新闻》等，则直诋为"放纵卑劣"，其轻[15]我不遗余地矣。夫使此四字加诸我而未当也[16]，斯亦不足与之计较。若或有万一之似焉，[17]则真不可磨之玷也。[18]

　　近来每遇一问题发生，则群起哗之曰："此中国存亡问题也。"顾[19]问题有何存亡之分，我不自亡，人孰能亡我者！惟留学（生）而皆放纵卑劣，则中国真亡矣。岂特[20]亡国而已，二十世纪之后，有放纵卑劣之人种，能存于世乎？鄙人心痛此言，欲我同胞时时勿忘此语，力除此四字，而做此四字之反面："坚忍奉公[21]，力学爱国。"恐同胞之不见听而或忘之[22]，故以身投东海，为诸君之纪念。诸君而[23]念及鄙人也，则毋忘鄙人今日所言。但慎毋误会其意，谓鄙人为取缔规则而死，而更有意外之举动。须知鄙人原重自修，[24]不重尤人[25]。鄙人死后，取缔规则问题可了则了，切勿固执。惟须亟[26]讲善后之策，力求振作之方，雪日本报章所言，举行救国之实，则鄙人虽死之日，犹生之年矣。

诸君更勿为鄙人惜也。鄙人志行薄弱，不能大有所作为，将来自处[27]，惟有两途：其一则作书报[28]以警世；其二则遇有可死之机会而死之。夫空谈救国，人皆厌闻，能言如鄙人者，不知凡几[29]？以生而多言，或不如死而少言之有效乎！至于待至事无可为，始从容就死，其于鄙人诚得矣[30]；其于事何补耶？今朝鲜非无死者[31]，而朝鲜终亡。中国去亡之期，极少须有十年；与其死于十年之后，曷若[32]于今日死之，使诸君有所警动[33]，去绝非行[34]，共讲爱国，更卧薪尝胆[35]，刻苦求学，徐以养成实力[36]，丕[37]兴国家，则中国或可以不亡，此鄙人今日之希望也。然而必如鄙人之无才无学无气[38]者而后可，使稍胜于鄙人者，则万不可学鄙人也。与鄙人相亲厚之友朋，勿以鄙人之故而悲痛失其故常[39]，亦勿为舆论所动而易其素志[40]。鄙人以救国为前提，苟可以达救国之目的者，其行事不必与鄙人合也。今将与诸君长别矣，当世之问题，亦不得不略与诸君言之。

近今革命之论，嚣嚣[41]起矣，鄙人亦此中之一人也。而革命之中，有置重于民族主义者[42]，有置重于政治问题者。鄙人所主张，固重政治而轻民族，观于鄙人所著各书自明。去岁以前，亦尝渴望满洲变法，融合种界[43]，以御外侮。然至近则主张民族者，则以满汉终不并立，我排彼以言[44]，彼排我以实[45]。我之排彼，自近年始；彼之排我，二百年如一日[46]。我退则彼进，岂能望彼消释嫌疑，而甘心愿与我共事乎！欲使中国不亡，惟有一刀两断，代满洲执政柄而卵育之[47]。彼若果知天命者，则待之以德川氏[48]可也。满洲民族，许为同等之国民，以现世之文明，断无有仇杀之事。故鄙人之排满也，非如倡复仇论者所云[49]，仍为政治问题也[50]。盖政治公例，以多（数）优等之族，统治少数之劣等族者为顺，以少数之劣等族，统治多数之优等族者为逆故也。鄙人之于革命如此。

然鄙人之于革命，有与人异其趣者：则[51]鄙人之于革命，必出之以极迂拙之手段[52]，不可有一毫取巧之心。盖革命有出于功名心者，有出于责任心者。出于责任心（者），必事至万不得已而后为之，无所利焉。出于功名心者，己力不足，或至借他力，非内用会党[53]，则外恃外资[54]。会党可以偏用，而不可恃为本营[55]。日俄不能用马贼交战[56]，光武不能用铜马、赤眉[57]平定天下，况欲用今日之会党以成大事乎？至于外资则尤危险，菲律宾覆辙[58]，可为前鉴。夫以鄙人之迂远如此，或至无实行之期[59]，亦不可知。然而举中国皆汉人也，使汉人皆认革命为必要，则或如瑞典、诺威之分离[60]，以一纸书通过，而无须流血焉可也。故今日惟有使中等社会[61]，皆知革命主义，渐普及下等社会。斯时也，一夫发难，万众响应，其于事何难焉！若多数[62]犹未明此义，而即实行，恐未足以救中国，而转以乱中国也。此鄙人对于革命问题之意见也。

近今盛倡利权回收[63]，不可谓非民族之进步也。然于利权回收之后，无所设施，则与前此之持锁国主义[64]者何异？夫前此之持锁国主义者，不可谓所虑之不是也；徒用消极方法，而无积极方法，故国终不锁。而前此之纷纷扰扰者，皆为无效。今之倡利权回收者，何以异兹[65]？故苟[66]能善用之，于此数年之间，改变国政，开通民智，整理财政，养成实业人才，十年之后，经理有人[67]，主权还复，吸收外国资本，以开发中国文明[68]，如日本今日之输进外资可也[69]。否则争之甲者仍与之乙[70]，或遂不办[71]，外人有所借口，群以强力相压迫，则十年之后，亦如溃堤之水，滔滔而入，利权终不保也。此（鄙人）对于利权回收问题之意见也。

……

近来青年误解自由，以不服从规则、违抗尊长为能，以爱国自饰，而先牺牲一切私德。此之结果，不言可想。其余鄙人所欲言者多，今不及言矣。散见于鄙人所著各书者，愿诸君取而观之，择其是者而从之，幸甚。语曰："君子不以人废言"[72]，又曰："鸟之将死，其鸣也哀；人之将死，其言也善[73]。"则鄙人今日之言，或亦不无可取乎？

《绝命书》手迹

注 释：

〔1〕 无在：无处。

〔2〕 使：假使。由是：从此。已：停止。

〔3〕 乃：于是。进观：进一步观察。

〔4〕 疵：缺点、过失。这里用作动词，作"批评"讲。指：指责。

〔5〕 东瀛：指日本。终南捷径：《新唐书·卢藏用传》记载：卢藏用曾和一些隐士一样隐居在都城长安附近的终南山，借此得到很大的名声而做了大官。后人便用"终南捷径"来比喻达到目的的便捷途径。这里以此典故借以说明很多中国留学生利用留学日本作为获取功名的手段。

〔6〕 居责任：即承担责任，指有救国的责任。

〔7〕 尤：特别，尤其。不肖：不贤。

〔8〕 事：从事。此句意为书还没有读好。

〔9〕 举：公开揭发。彼国：指日本。

〔10〕 缕数：仔细计算。此句意为数量太多了，数不胜数。

〔11〕 文部省：日本的政府机构之一，其职能相当于我国的教育部。颁：颁布，公布。

〔12〕 团体之实情：指留学生内部的实际情况。日本政府颁布了取缔留学生规则后，中国留日学生反应不一，秋瑾、田桐等主张全体回国，以洗耻辱；汪精卫、胡汉民等主张忍辱负重，不轻率回国。作者清楚这些情况，所以下文说"不敢轻于发难"。

〔13〕　互相参差：指留学生态度不一样，行动不一致。

〔14〕　贻（yí）：留给。口实：借口。

〔15〕　轻：轻视，看不起。

〔16〕　加诸我：加在我们身上。未当：不恰当。

〔17〕　此句意为万一留学生中真有像日本报纸所讥讽的那样的人。

〔18〕　磨：磨灭。玷：白玉上的斑点。

〔19〕　顾：副词，而。

〔20〕　岂特：不但，不仅。

〔21〕　坚忍奉公：坚韧不拔，一心为公。

〔22〕　不见听：不愿听。而：或者。

〔23〕　而：虚词，用来加重语气。

〔24〕　自修：指要求自己很严格。

〔25〕　尤人：抱怨别人。

〔26〕　亟（jí）：急迫、赶快。

〔27〕　自处：自己安排自己。

〔28〕　作书报：写书编报。

〔29〕　凡几：总共多少。

〔30〕　诚得矣：实在很满意了。

〔31〕　非无死者：1899 年，日本开始入侵朝鲜，1904 年日俄战争后，日本与朝鲜订立了"日朝新协约"，朝鲜便名存实亡。这时，朝鲜出现了敢于牺牲的爱国志士。

〔32〕　曷若：何如。

〔33〕　警动：警觉感动。

〔34〕　去绝非行：彻底根除不好的行为。

〔35〕　卧薪尝胆：《史记·越王勾践世家》记载：春秋时代，越王勾践为报吴国灭国之仇，每晚在草堆上睡觉，身边摆着一个苦胆，睡前总要尝一尝苦胆的滋味，提醒自己不忘亡国之耻。经过十年的准备，越国在他的领导下终于灭掉了吴国。这里是指中国留学生要发愤图强。

〔36〕　徐：渐渐地、慢慢地。实力：救国的力量。

〔37〕　丕：大。丕兴国家：使国家大大兴盛起来。

〔38〕　气：志气。

〔39〕　故常：常态。

〔40〕　易：移，改。素志：平素的志向。

〔41〕　嚣嚣：形容嘈杂喧哗的样子。

〔42〕　置重：注重。民族主义：指种族主义。

〔43〕　融合种界：指满汉两族团结一致。

〔44〕　我排彼以言：指汉族革命者用言论反对清朝统治者。

〔45〕　彼排我以实：指清朝统治者用具体行动镇压汉族人民的革命。

〔46〕　此句指清朝入关以来一直压迫汉族人民。

〔47〕 卵育：指掌握、控制。

〔48〕 德川氏：日本近代贵族之一，1861 年以前控制着国家政权。1867 年明治天皇即位后，将军德川庆喜被迫交出政权，次年即起兵反叛，失败后被夺去官爵，迁移到水户去住。这里是把德川氏比作满洲贵族，说如果他们交出政权，汉族人民也会像对待德川氏那样对待他们。

〔49〕 倡复仇论者：指当时那些抱狭隘民族主义观点的人，他们主张彻底消灭满族人民。

〔50〕 政治问题：指政权性质改变的问题，即要推翻清王朝。

〔51〕 则：就是。

〔52〕 此句意为一定要采取严肃认真、脚踏实地的办法来革命。

〔53〕 会党：指哥老会、三合会等帮会。

〔54〕 外资：指资本主义国家的援助。

〔55〕 本营：指革命的主要力量。

〔56〕 马贼：指当时东北地区的土匪。日俄交战是指 1904 年在我国东北发生的战争。

〔57〕 光武：东汉光武帝刘秀。公元 25 年，刘秀称帝建立东汉王朝，推翻王莽政权。铜马、赤眉：是王莽末年各地农民起义军的名称。

〔58〕 菲律宾：本是西班牙的殖民地。1899 年，阿奎纳多在美国的支持下领导人民武装赶走了西班牙殖民者，并任菲律宾总统。但美国并不是真正支持菲律宾人民的独立，在残酷镇压了菲律宾游击队后，即替代西班牙继续统治菲律宾人民。覆辙：翻车的老路。

〔59〕 此句是指自己不靠会党和外援，只靠中国资产阶级本身的力量去革命的想法距离革命成功的那一天可能十分遥远。

〔60〕 诺威：今译挪威。挪威和瑞典是北欧两个相邻的国家，1814 年以后，挪威一直隶属于瑞典。随着挪威人民民族意识的逐渐强烈，1905 年 10 月，两国签订了分离条约，挪威宣告独立。下句"纸书"即指此条约。

〔61〕 中等社会：指当时中国的资产阶级。

〔62〕 多数：指工农大众。

〔63〕 利权回收：指收回被帝国主义国家从我国掠夺的一切权利。

〔64〕 锁国主义：指断绝国际交往的闭关自守的政策。

〔65〕 兹：此。

〔66〕 苟：如果。

〔67〕 经理有人：有足够的管理国家财政、实业等方面的人才。

〔68〕 文明：指民族工业。

〔69〕 此句是指日本从明治天皇即位后就实行改革，吸收欧洲各国资本，发展本国的工业。

〔70〕 此句意为从甲国争回来的权利不免又要给予乙国。

〔71〕 此句意为因缺乏经营企业的人而停办。

〔72〕 语：指《论语》。"君子不以人废言"出自《论语·泰伯》篇，意为君子不因为人有缺点就不采纳他的话。

〔73〕 此四句出自《论语·泰伯》篇，是孔子的弟子曾参所言，意为鸟在死前的鸣叫是悲哀的，人在死前说的话是善意的。

|题 解：
《绝命书》写于1905年12月7日，陈天华蹈海而亡的前一天。黄兴等友人在检查他的遗物时，发现了这封遗书。12月25日，黄兴为《绝命书》作跋，悼念亡友。1906年，《绝命书》发表在同盟会机关报《民报》第二号上，现据此刊印。

《绝命书》谈古论今，既有作者对如何使国家强大的看法，又有对同胞的真诚告诫，并阐明自己以身蹈海是为抗议日本政府的决定和对中国留学生的诬蔑，促使同胞"力求振作之方""举行救国之实"，"坚忍奉公，力学爱国"，显示出作者对祖国命运的关切，殷殷赤子之情溢于言表。人们对这样一位以身殉国、以身醒世的革命志士是永远怀念的。1917年6月，周恩来在留日之前就曾写诗道："大江歌罢掉头东，邃密群科济世穷。面壁十年图破壁，难酬蹈海亦英雄。"表达了对陈天华的崇敬与怀念。

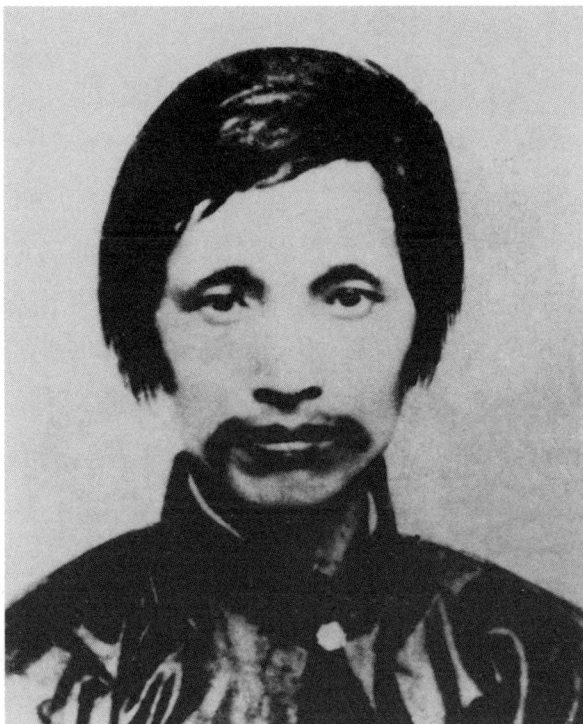

禹之谟

　　禹之谟（1866—1907），湖南湘乡人。字稽亭。
1894年随湘军参加中日甲午战争，战后至上海研究
实业。1900年参加唐才常领导的自立军，事败逃往
日本，学习纺织工艺和应用化学，立志实业救国。
1903年在长沙办实业工场，附设工艺传习所。1904
年加入华兴会。1905年加入同盟会，为同盟会湖南
分会负责人之一，并参加收回粤汉铁路运动和抵制
美货运动。1906年发动湖南群众运动，8月10日
被清政府逮捕，屡受酷刑，坚贞不屈。1907年1月
5日在靖州被绞杀，时年41岁。

致全中国国民书

（一九〇七年一月三日）

我所最亲爱之在世同胞鉴[1]：世局危殆[2]，固由迂腐之旧学所致，亦非印版的科学[3]所能挽回。故余之于学界有保种存国[4]之宗旨在焉，与若辈[5]以摧残同种为手段者，势不两立。于是乎有靖州之监禁[6]。不百日而金牧[7]提讯，所发不成论理[8]之问题，无非受人意旨，阴谋诡计，横为成见[9]。是以所答动遭无理之驳诘[10]，不能置词[11]。且曰："尔辈牛马耳，人欲食则食之，有何爱焉[12]？"禹之谟正告同胞曰：身虽禁于囹圄[13]，而志自若[14]。躯壳死耳，我志长存。同胞，同胞！其善为死所[15]，宁可牛马其身而死，甚勿奴隶其心而生。前途莽莽，死者已矣，存者诚可哀也[16]！我同胞共图之。困心衡虑[17]，终必底[18]于成也。禹之谟，四十一岁，丙午十一月十九日靖州狱中遗书。

注 释：

〔1〕鉴：旧式书信的套语，用在开头的称呼之后，表示请人看信。

〔2〕殆（dài）：危险。

〔3〕印版的科学：指教条式的学问。

〔4〕保种：保护中华民族在世界上生存的权利。存国：使中国不被列强吞并。

〔5〕若辈：他们那些人，指清朝统治者。

〔6〕靖州之监禁：1906 年 8 月 10 日作者在长沙被捕，长沙各界积极营救，每天都有当地群众的电文为他辩护。当局畏于各界救援之势，将他押解到偏远的靖州（今湖南靖县）。

〔7〕牧：东汉时称一州的长官为牧。这里沿用这个称呼指知府。金牧：湖南酷吏、靖州知府金蓉镜。

〔8〕论理：即英文（logic）逻辑的译音。

〔9〕 横（hèng）：蛮横，不讲理。此句意为蛮不讲理，强调自己的看法。

〔10〕 驳：驳斥。诘（jié）：诘问，责问。

〔11〕 置词：陈述看法。

〔12〕 爱：怜惜，同情。

〔13〕 囹圄（líng yǔ）：此处指监狱。

〔14〕 自若：像往常一样。

〔15〕 善为死所：善于选择自己的死处，意思是死要死得值得。

〔16〕 存者：活着的人。诚：实在。

〔17〕 困心衡虑：源于《孟子·告子下》篇。原文为："困于心，衡于虑，然后作。"心、虑：均指思虑。衡：同"横"，意为不顺利。这里是说发愤图强，经受磨炼。

〔18〕 底：达到。

| **题 解：** 　　这封遗书写于 1907 年 1 月 3 日。现根据湖南人民出版社 1960 年出版的《湖南历史资料》第一期刊印。

　　禹之谟被捕前，友人曾劝他躲避，他神色自若而又坚定地说："吾辈为国家为社会死，义也。各国改革，孰不流血，吾当为前驱。"正是凭着这种以身殉国的精神，他被捕后备受酷刑，以至手指折断，全身血肉模糊，但始终不屈。在就义的前三天，他用折断的手指写下了这封遗书，谴责封建统治者，号召同胞奋起革命，表现出一个革命者百折不挠的坚定信念和视死如归的英雄气概。

朱元成

　　朱元成（1876—1907），湖北荆门人。字松坪、子龙。1903年入湖北新军，1906年去职，于武昌参与创设日知会。后在日本东京结识孙中山，并加入同盟会。因湖南同盟会会员秘密筹划在浏阳、萍乡、醴陵等地起义，他受孙中山派遣回国，在武汉联络新军中的革命党人策划响应，不幸事泄，于1907年1月7日被捕。审讯时大义凛然："我为革命而来，无所畏惧。"同年3月病死于狱中，时年31岁。

绝 命 词

死我一人天下生，且看革命起雄兵。
满清窃国归乌有[1]，到此天心合我心[2]。

注 释： 〔1〕满清：指满族人建立的清王朝。乌有：没有。
〔2〕天心：上天的旨意。合：符合。诗中三、四句的意思是说清王朝被
推翻时，天意才符合我的心愿。

题 解： 这首《绝命词》根据 1961 年 9 月湖北人民出版社出版的《辛亥革
命首义录》第四辑刊印。
朱元成被捕后在狱中患病，垂危之际，他握着难友殷子衡的手，
吟诵了自己作的这首诗，表达了为推翻清王朝甘愿献出生命的崇高精
神和对革命事业必胜的坚定信心。

徐锡麟

徐锡麟（1873—1907），浙江山阴人。字伯荪。1901年被聘为绍兴府学堂教师。1903年赴日本，参加浙江留日学生营救因苏报案入狱的章炳麟的活动，并受拒俄运动影响产生革命思想。回国后在家乡创办热诚蒙学，提倡军训；还在绍兴设立特别书局，宣传革命。1904年在上海加入光复会。1905年于浙东各县联络会党，并在绍兴创立大通学校，设体育专修科，招会党首领来校军训，以积蓄革命力量。1906年北游京师及辽、吉一带察看形势，宣传革命道理，为起义作准备。后受安徽巡抚恩铭重用，任巡警处会办兼巡警学堂监督。1907年同秋瑾分头准备在浙、皖两省同时起义。7月6日在安庆起义，击毙恩铭，率巡警学堂学生攻占军械所，经四小时激战后失败，而后被捕，英勇就义，时年34岁。

致秋瑾函

竞雄[1]同志侠览：

顷接手教谨悉[2]，壹是同志之热心热力，真情规我[3]，字字药石[4]，语语针砭[5]，麟当书伸不忘。总之，我辈所作之事必须从速成就，迟则恐多阻碍也。酌仙、逢樵、宏甫[6]等诸同志常态如一，麟视之必可靠，万万不为改移宗旨。想同志[7]高见，必以为然[8]，如同志者有英雄之气魄，神圣之道德，麟实钦佩之至，毕生所崇拜者也。麟到京后，当奉命而行，请弗[9]纪念。介绍廉君一信已收到。即请

　　侠安

弟　麟上言

酌仙、逢樵、宏甫诸同志此致意

注释：

〔1〕竞雄：秋瑾的号，另一号是鉴湖女侠。

〔2〕顷：不久以前。接：收到。手教：指秋瑾给作者的亲笔信。谨悉：获悉，知道。

〔3〕规：劝。

〔4〕药石：古时治病的药和石针。

〔5〕砭：古代用来治病的石针。针砭：比喻发现、指出错误。这两句是说秋瑾来信中的话切中要害，使作者感动。

〔6〕酌仙：即竺绍康（1877—1910），浙江嵊县人。字履占，号酌仙。光复会会员，曾与徐锡麟、秋瑾等共谋反清武装起义。逢樵：即吕逢樵（1876—1913），浙江缙云人。原名东升，字耀初。先后加入光复会和同盟会，1907年参与策划皖浙两省同时起义。后参加讨袁的"二次革命"。宏甫：即赵卓（1878—1909），浙江缙云人。字远器，号宏甫。1905年应徐锡麟之邀前往大通学堂襄助，直至秋瑾接管大通校务，均任会计兼监学。秋瑾遇难，清廷缉拿革命党人，曾被通缉。

〔7〕同志：指秋瑾，下文同。

〔8〕 以为然：认为是对的。然：对。

〔9〕 弗：不，勿。

题 解：

此信藏于浙江省博物馆，现根据影印手稿刊印。原信未注写作时间，据内容推测当写于1906年。

在资产阶级革命思想的传播过程中，资产阶级革命团体在各地相继建立。从1904年开始，出现了华兴会、科学补习所、光复会等十多个革命团体，成为革命思想传播和革命运动发展的不可缺少的组织力量。

徐锡麟与秋瑾交往甚密。1905年介绍秋瑾加入光复会，1907年2月又请秋瑾到绍兴主持大通学堂。同年5月光复军成立，徐锡麟为首领，秋瑾为协领，相约皖浙共同起义。共同的革命志向使徐锡麟对秋瑾倍加崇敬。此信为徐锡麟接到秋瑾致书后的复信，商谈从速举事，并赞扬秋瑾具有远见，"有英雄之气魄，神圣之道德"，此为自己毕生所崇拜的。信中请秋瑾"万万不可改移宗旨"是作者在险恶的形势下毫不退却、坚定不移地准备随时为革命而献身的可贵精神的体现。

供 词

为排满事[1]，蓄志[2]十几年。多方筹划，为我汉人复仇，故杀死满人恩铭[3]后，欲杀端方、铁良、良弼等满贼[4]，别无他故，灭尽满人为宗。

光汉子[5] 徐锡麟

注 释：

[1] 排满事：指推翻清王朝的统治。

[2] 蓄：储藏，积蓄。蓄志：积存志向。

[3] 恩铭：满洲镶白旗人，举人出身。曾任太原知府、山西按察使、江苏按察使、安徽巡抚等职。1907 年奉旨推行"新政"，整顿巡警学堂，开办警察处。7 月 6 日，在警察学堂学生毕业典礼上检阅时，被徐锡麟开枪击毙。

[4] 端方：满洲正白旗人。曾任陕西按察使、布政使、巡抚，湖北巡抚署两广总督、江苏巡抚，是 1905 年被清政府派出考察政治的五大臣之一。1906 年任两江总督，大肆逮捕革命党人，镇压革命运动。1911 年在四川保路运动中被起义新军所杀。铁良：满洲镶白旗人。曾任军机大臣、陆军部尚书、江宁将军。辛亥革命时率张勋所统之巡防军守南京抗击苏浙联军，残酷屠杀人民。后依附于日本帝国主义，进行复辟活动。良弼：满洲镶黄旗人。曾留学日本，入士官学校步兵科。回国后，曾任禁卫军第一协统领兼镶白旗都统，是清政府的一员干将。1912 年 1 月与铁良等皇族成员组织宗社党，被推为首领，反对与革命军议和及清帝退位。1 月 26 日被革命党人彭家珍炸毙。

[5] 光汉子：徐锡麟的自署，意为光复汉族的人。

题 解：

这篇供词写于 1907 年 7 月 6 日。现根据影印手迹刊印，标题为编者所加。

徐锡麟在安庆刺杀恩铭、举行起义后，因失败被捕，审讯时他慷慨陈词："功名富贵，非所决意，今日得此，死且不憾矣。"并挥笔写下了这篇供词以述志。尽管作者不可避免地带有狭隘的民族主义色彩，但推翻清王朝是历史的必然趋势，他和那个时代的革命者一样抛弃功名富贵，毅然献身于革命事业，显示了舍生取义的凛然正气。读后令人荡气回肠。

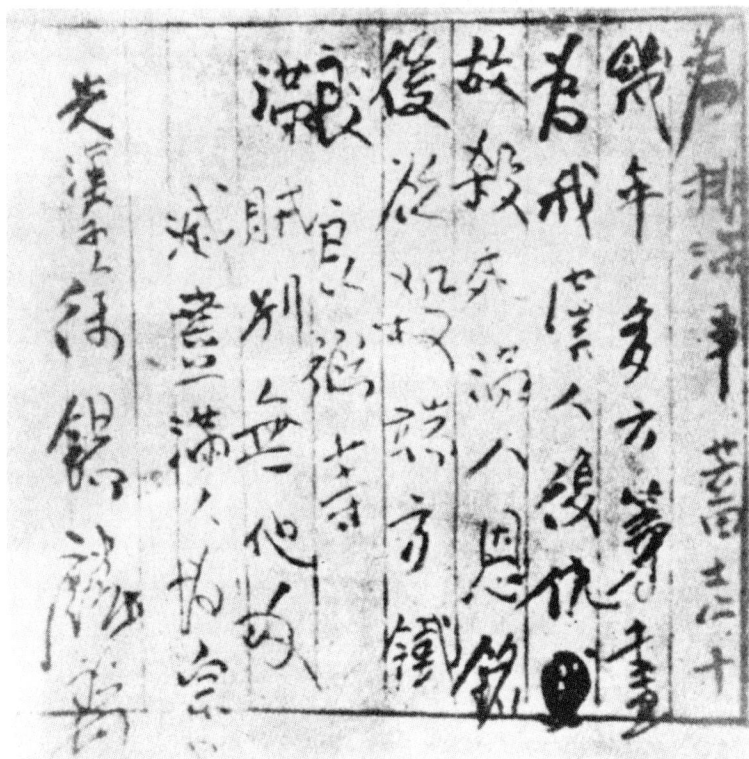

《供词》手迹

秋瑾

秋瑾（1875—1907），浙江山阴人。字璿卿，号竞雄，又号鉴湖女侠。1904年冲破封建家庭束缚，东渡日本留学，先后在日语讲习所和青山实践女校学习，并积极参加留日学生的革命活动，组织共爱会、十人会，创办《白话报》，宣传革命，提倡妇女解放。1905年先后加入光复会和同盟会，被推为同盟会评议部评议员和浙江主盟人。1906年初为反对日本文部省颁布的《取缔清国留学生规则》而回国，参加创办中国公学。1907年1月创办我国第一份妇女报刊《中国女报》。旋于浙江同徐锡麟相约，分头准备在安徽和浙江准备起义，并应邀担任大通学堂督办，组织光复军。7月由于徐锡麟在安庆起义失败和奸人告密，清政府派兵包围了大通学堂，秋瑾与少数学生坚守抵抗，失败被捕。15日在绍兴轩亭口英勇就义，时年32岁。

挽 母 联

树欲宁而风不静，子欲养而亲不待^[1]；奉母百年岂足哀哉！数朝卧病，何意撒手竟长逝，只享春秋六二。

爱我国矣志未酬，育我身矣恩未报；愧儿七尺微躯幸也！他日流芳^[2]，应是慈容无再见^[3]，难寻瑶岛三千^[4]。

注 释：

〔1〕 此句出自《韩诗外传》："树欲静而风不止，子欲养而亲不待也。" 感叹子女希望尽孝时，父母却已经亡故。此处"子"指作者自己，"亲"指作者之母。整句言丧母之痛。

〔2〕 流芳：婉指自己为国捐躯。

〔3〕 慈容：指母亲的音容笑貌。

〔4〕 瑶岛：即瑶池，传说中西王母的居所。这里指亡母所在之地。

题 解：

此挽联现根据影印手稿刊印。作者之母于 1906 年 12 月病逝，享年 62 岁。

秋瑾与母亲感情深厚，从小母亲教她识字读书，后又教她学做女红和诗文，直到她出嫁。写这篇挽母联时，秋瑾刚刚踏上革命道路不久，正在上海秘密筹划响应萍浏醴起义，母亲病逝的噩耗传来，即匆忙返回老家绍兴治丧。此时，她怀抱的推翻清王朝、争取民族独立的爱国之志尚未实现，而母亲却离她而去。因此，她既感叹壮志未酬，又悲伤亲恩未报。这篇遗作虽然是为挽母而写，但没有沉浸于丧母的悲哀之中，相反，抒写出"他日流芳，应是慈容无再见"的感人之句，表达了坚定不移献身革命的决心。

致徐小淑[1]绝命词

痛同胞之醉梦犹昏，悲祖国之陆沉谁挽！日暮穷途[2]，徒下新亭之泪[3]；残山剩水[4]，谁招志士之魂？不须三尺孤坟，中国已无干净土；好持一杯鲁酒[5]，他年共唱摆仑歌[6]。虽死犹生，牺牲尽我责任；即此永别，风潮取彼头颅[7]。壮志犹虚[8]，雄心未渝[9]，中原回首肠堪断！

注 释：

〔1〕徐小淑：名蕴华，作者的学生。

〔2〕日暮穷途：比喻力尽计穷。这里指作者身处逆境。

〔3〕新亭：亭名，又叫劳劳亭，在今南京市南。西晋灭亡后，搬到江南避难的士大夫常在新亭聚会。一次，士大夫周颉（yǐ）叹息说：风景还是原来的风景，但大好河山却落入敌人手里了。于是，大家都流下了眼泪。后此事演变为一典故，称忧国忧民之泪为新亭之泪。

〔4〕此句是说由于列强竞相争夺和划分势力范围，中国已是山河破碎。

〔5〕鲁酒：淡酒，薄酒。

〔6〕摆仑：今译拜伦，19 世纪初期英国杰出的革命浪漫主义诗人。其诗篇充满了革命思想和叛逆倾向，对当时中国的仁人志士影响很大。以上两句是说在革命成功后，请徐小淑拿一杯薄酒祭奠自己，与自己一同吟唱拜伦的革命诗篇。

〔7〕风潮：指当时的革命浪潮。彼：指清朝统治者。

〔8〕虚：空。

〔9〕渝：改变。

题 解：

据徐小淑的《秋女烈士事略》记载，这篇绝命词是 1907 年 7 月 10 日即作者就义前五日寄给她的，写作时间当在 10 日前的几天内。现据 1962 年中华书局出版的《辛亥革命烈士诗文选》刊印。

秋瑾面对险恶的形势毫无惧色，将个人的生死置之度外，义无反顾地把为革命而牺牲看成是自己的职责，并嘱托朋友他日拿一杯薄酒与自己的灵魂同饮，共唱拜伦的革命诗篇，更坚信革命浪潮必将会推翻腐朽的清王朝。这种洋溢全篇的爱国主义情感给人以强烈的感染力量。

温生才

温生才（1870—1911），广东嘉应人。字练生。早年曾入清军，后到南洋做工，在霹雳（今属马来西亚）加入同盟会。1909 年组织广益学堂，从事革命活动。1911 年回国，在广九铁路当工人，拟待机暗杀屠杀革命同志的广东水师提督李准。4 月 8 日，因误将广州将军孚琦认作李准而将其击毙，随后被捕。4 月 15 日从容就义，时年 41 岁。

致南洋友人函

（一九一一年二月十六日）

孝章、源水、螺生[1]三志兄鉴：

弟别后返省城[2]，在朋友处暂住，想欲先寻头路栖身，然后缓图心事。看满贱种太无人道，恨火焚心，时刻不能忍。自从徐、汪[3]二君事失败后，继起无人。弟思欲步二君后尘，因手无寸铁，亦无鬼炮[4]，莫奈何，暂忍。能得手有鬼炮时，一定有好戏看。弟心已决，死之日即生之年，从此永别矣！望君等尽力进行，达目的而后止，勿学我温某谋事有头无尾也。顺请

侠安

弟温生才额手[5]

黄帝纪（元）四千六百零九年元月十八日

注　释：

〔1〕即李孝章、李源水、郑螺生，均为南洋同盟会会员。

〔2〕省城：即广东省会广州城。

〔3〕徐：徐锡麟。这里指他1907年在安庆刺死恩铭，起义失败一事；汪：指汪精卫。这里指他1910年春同黄复生等在北京谋刺清摄政王载沣，事泄被捕一事。

〔4〕鬼炮：手枪。

〔5〕额手：把手放在额上。这里是举手敬礼的意思。

题　解：

此信根据影印手稿刊印。

革命党人在广州屡次起义受挫及革命同志被杀害，使温生才更加痛恨清政府，并筹划刺杀广东水师提督李准，为革命扫除障碍。4月8日，广州将军孚琦前往广州东郊燕塘观看飞行表演，在归来途中，温生才误将他认做李准，击毙孚琦，随后被捕。此次行动前，温生才给三位南洋友人留下绝命书，表现了为推翻清政府的统治不惜牺牲生命的坚定决心。

余东雄

余东雄（1894—1911），广东南海人。出生于
霹雳务边埠（今属马来西亚）一富商之家。1908年
加入同盟会。后与同志多次谋划回国暗杀清朝官
吏，终因不了解国内情况而未能实行。1911年2
月回国。4月27日广州黄花岗起义爆发后，同罗
仲霍、何克夫、郭继枚三人负责轰炸两广总督署，
"一往向前，誓无返顾"，炸死清军卫队多人，为
起义部队冲入督署开辟了道路。撤出督署时，中弹
牺牲，年仅18岁。

郭继枚

郭继枚（1893—1911），广东增城人。出生于霹雳务边埠（今属马来西亚）。就读坝罗育才学堂。1910年加入同盟会，积极从事革命活动。1911年2月辞别新婚妻子，与余东雄回国，准备参加广州起义。4月27日起义当日，奉黄兴之命与同志轰炸两广总督署，奋勇当先，激战至弹尽援绝，惨遭杀害，年仅19岁。二人以年轻的生命实践了"奋臂杀贼，死而后已"的誓言。

致南洋友人函

（一九一一年四月二十三日）

螺生、孝章、源水[1]先生暨列位同志鉴：

启者，握别后安抵香江[2]，克强[3]、展堂[4]、伯先[5]诸君均藉会晤。党中健者集中香港，东[6]、南洋所回同志均与焉。弟察同志热诚，大堪嘉敬，惜举动颇不秘密，忖[7]南旋[8]党人装束，咸[9]穿黄白斜纹衣裳，不啻[10]表示洋客，而且三五不等，结队游市。计省港[11]相隔一水，吾人一举一动，无不被奸探侦悉。尤可虑者，最近道路传述，非曰今日攻城，则云明宵破省，风声鹤唳[12]，几于草木皆兵[13]，致令省垣商民迁港迁澳[14]，写不尽恐慌形状。弟不过将种种闻见录述尊前，非畏死亦非反对，弟之生命早已置诸度外。林君时塽[15]及闽省三数同志义肠侠胆流露于谈吐举止间，弟一见便崇拜不置[16]，异日奋身杀贼，当推为先锋。弟既属克强君指挥，无论如何猛进，一往向前，誓无返顾。倘目的能达，与公等羊垣[17]握手或有其时，否则敌众我寡，万一失败，虽战胜[18]，我继枚东雄二人或受千枪百创，手无寸铁，犹必奋臂杀贼，死而后已。温先烈生财之侠举[19]，弟殊崇敬，温公为国先死，弟亦何敢偷生。前仆后继，方显吾党中大有人在。视死如归，弟之素志，但求马革裹尸[20]以为荣耳。从此或与先生长别，此函请作最后之永诀观可也。先生倘以弟言为可采，以之留示吾党后起，弟虽死犹生矣。此颂

公安

弟　余东雄　同上言
　　郭继枚

叁月廿五日

注 释:

〔1〕 即郑螺生、李孝章、李源水，均为南洋爱国华侨、同盟会会员。

〔2〕 香江：即香港。

〔3〕 克强：黄兴的号，时在香港组织统筹部，任部长，筹备广州再次起义。

〔4〕 展堂：胡汉民的字，时在香港筹备广州起义。

〔5〕 伯先：赵声的字，时在香港任统筹部副部长。

〔6〕 东：指日本。

〔7〕 忖：细想，揣度。

〔8〕 旋：归来；南旋：从南洋归来。

〔9〕 咸：全，都。

〔10〕 啻（chì）：但、只或仅。

〔11〕 省港：省指广州；港指香港。

〔12〕 风声鹤唳：语出《晋书·谢安传》，讲述苻坚的军队在淝水一带被晋兵打得大败，回逃路上，听到风吹鹤叫都以为是追兵。后来用来形容惊慌失措和自相惊扰。

〔13〕 草木皆兵：语出《晋书·苻坚载记下》，形容畏惧惊恐到极点，看到草和树都以为是敌兵。

〔14〕 澳：此指澳门。

〔15〕 时塽：林文的原名。

〔16〕 置：搁，放在一边。

〔17〕 羊垣：广州市的别称。相传古时有五仙人，乘五色羊，手拿六穗秬到此而得名。

〔18〕 胜：同胜。

〔19〕 指温生才刺杀广州将军孚琦一事。

〔20〕 马革裹尸：《后汉书·马援传》有"男儿要当死于边野，以马革裹尸还葬耳，何能卧床上在儿女子手中耶！"后人用来形容军人战死沙场的无畏气概。

题 解:

此信根据影印手稿刊印。

1905 年 8 月，孙中山和黄兴、宋教仁等在日本东京成立了近代中国第一个领导资产阶级革命的全国性政党——中国同盟会，标志着中国资产阶级民主革命进入了新的阶段。同盟会的政治纲领是"驱除鞑虏，恢复中华，创立民国，平均地权。"1905 年 11 月，孙中山将同盟会的纲领概况为民族主义、民权主义、民生主义的三民主义，初步提出了中国不曾有过的资产阶级共和国方案，对推动革命的发展产生了重大影响。此后，以孙中山为首的资产阶级革命派选择了以武装起义推翻清王朝统治的斗争方式，先后进行了多次武装起义。其中，影响最大的是 1911 年 4 月 27 日（农历三月二十九日）举行的辛亥广州起义。当日，黄兴率领敢死队百余人在广州举行起义，攻打两广总督署。这些敢死队员多为同盟会的骨干或优秀成员，有留日学生、新军军人、华侨和工人等，大部在激战中牺牲，其中七十二位烈士的遗骸被同盟会员潘达微葬于红花岗（后改为黄花岗），所以史称这次起义为黄花岗起义。孙中山在《黄花岗烈士事略序》中说：此次起义"吾党精华，付之一炬，其损失可谓大矣。然是役也，碧血横飞，浩气四塞，草木为之含悲，风云为之变色，全国久蛰之人心，乃大兴奋，怒愤所积，如怒涛排壑，不可遏抑。不半载，而武昌之大革命以成，则斯役之价值，直可惊天地，泣鬼神，与武昌革命之役并寿！"孙中山还为黄花岗七十二烈士墓书"浩气长存"镌于墓坊。所幸的是，参加起义的革命志士们抱着赴汤蹈火、牺牲生命的决心，在起义前夕有部分人给自己的亲人或朋友留下了遗书，成为激励后人的一笔宝贵的精神财富。

这封诀别信是余东雄和郭继枚于广州起义的前四天写给南洋友人的，表示他们已经抱定了必死的决心，以实现马革裹尸的素志。革命党人视死如归、慷慨赴义的气概跃然纸上。

浩然正气

林
文

　　林文（1887—1911），福建侯官人。又名时塽，字广尘。1905 年留学日本，初入城成中学学习军事，后入日本大学法科学习国际法和哲学。同年 8 月加入同盟会，任同盟会福建分会会长，并参加《民报》的经理工作。曾参加同盟会发动的多次武装起义。1911 年春，应黄兴之约率东京的福建籍同盟会员赴香港筹备广州起义。4 月 23 日到达广州。因时局变化，有人主张起义改期，遂代表福建籍的同志与喻培伦前往黄兴住处，坚决主张按期发动起义。4 月 27 日起义如期开始，同黄兴率领的百余名敢死队员攻打总督署，在枪林弹雨中奋勇当先。撤出督署时头部中弹牺牲，时年 25 岁。

今日愿与诸君挟弹为前驱

前此举义[1]，死者多乡氓[2]。人佥[3]谓吾辈怯，吾实耻之。今日愿与诸君挟弹为前驱，使若辈[4]为后劲。纵事无成，我弟兄同时共葬一邱，亦可无憾。若幸而成，广州既得，分军为二，一以克强，一以伯先为总司令长。吾当偕君等，率乡人[5]，隶[6]克强麾[7]下为前锋，席卷天下，犁穴扫庭[8]。……待民国既建，神州既复，彼时不患[9]无英雄学者，为国宣力[10]。我等当弃官远遁[11]，结茅西湖之畔[12]，领略风光，诗酒谈笑于深山幽谷之中，明月清风之夜，岂不快哉。

| **注 释：** | 〔1〕指在此之前同盟会领导的各次武装起义。
〔2〕乡氓：氓，古代称百姓。此意为乡下百姓。
〔3〕佥：全，都。
〔4〕若辈：他们那些人。
〔5〕乡人：指福建籍同乡。
〔6〕隶：属于。
〔7〕麾：古代指挥军队的旗子。
〔8〕庭：指庭院。穴：指老巢。犁穴扫庭：犁平巢穴，扫荡庭院。比喻彻底摧毁敌方。此处指推翻清王朝。
〔9〕不患：不愁，不用忧虑。
〔10〕宣力：尽力。
〔11〕远遁：远远地逃遁。
〔12〕结茅西湖之畔：在西湖边上建一茅草屋。

题 解： 这段话录自《林文传》，载《黄花岗福建十杰纪实》，1912年3月日本东京出版。

这是林文前去广州参加起义前夕，在香港对同志们说的一番话。它表现了林文为革命愿做前驱、誓死报国的决心和事成即退、不计功名的高尚情操。

李晚

李晚（1874—1911），广东云浮人。一名晚发，字晚军。家境贫寒，少年辍学。后到香港学习缝纫，结交志士，萌发了民族革命思想。因得知南洋有许多革命党的机关，便离开香港前去吉隆坡，加入中国青年会，热心为革命奔走。1899年回国，在家乡云浮租民房作为联络革命同志的机关，从事革命活动，因此遭清官吏通缉，避走南洋。1911年春随同黄兴从南洋来到香港，协助黄兴设立机关，筹备广州起义。4月27日参加广州起义，随黄兴攻打总督衙署，奋力作战，中弹牺牲，时年39岁。

致家兄诀别书

（一九一一年四月二十六日）

景芝家兄鉴：

敬复者，昨天说及去年余[1]妻区氏与甥往南洋访弟，适因归国两不相遇。弟此次理应返乡一行，但军情紧急，不出三日兄便知矣。此行成败不可知，任其事而怕死非丈夫也，余明知无济，祇[2]在实行革命宗旨，决以生命为牺牲。推倒满清，建设中华民国，事成则汉族光明，或败身殉，愿毋[3]我念。恳兄代告余妻区氏一言，苦守韬儿，他日继父之志，幸毋忘之。此别。

谨请

福安

辛　三月二十八夕
弟晚发手

注　释：

〔1〕余：我。

〔2〕祇：只。

〔3〕毋：不要；表示禁止或劝阻。

题　解：

此信根据影印手稿刊印。

这是李晚在起义的前一天写给哥哥的诀别书，表示了他"推倒满清，建设中华民国"的革命信念和为推翻清朝统治而牺牲生命的决心，并嘱托兄长代为向妻子转达子继父志的心愿。虽然是与亲人的诀别书，也谈到如果起义失败会牺牲生命，抛妻别子，但全篇都充满了革命者无所畏惧的豪情，令人感动。

方声洞

　　方声洞（1886—1911），福建侯官人。字子明。1902年赴日本留学，寻求救国之道，入城成学校学习军事。1903年参加东京中国留日学生组织的拒俄义勇队（后改名为军国民教育会），积极参加爱国运动。1905年入千叶医学校学习医学，并担任学校的中国留学生总代表，福建同乡会议事务部长。同年加入同盟会，进行革命宣传和组织工作，成为该会骨干。1911年4月奉命秘密护送一批军火到香港，本应即刻返回东京，却为香港同志的革命热情所感动，坚决要求留在香港，参加起义并为起义做准备。4月27日随同黄兴攻打总督衙署，后驰往督练公所途经双门底时中弹牺牲，时年26岁。

致父绝笔书

父亲大人膝下：

跪禀者：此为儿最后亲笔之禀，此禀果到家，则儿已不在人世者久矣。儿死不足惜，第[1]此次之事，未曾禀告大人，实为大罪。故临死特将其就死之原因为大人陈之。

窃自满洲入关以来，凌虐我汉人无所不至。迄于今日，外患逼迫，瓜分之祸，已在目前。满洲政府犹不愿实心改良政治，以图强盛；仅以预备立宪[2]之空名，炫惑内外之视听，必欲断送汉人之土地于外人，然后始大快于其心。是以满政府一日不去，中国一日不免于危亡。故欲保全国土，必自驱满始，此固人人所共知也。儿蓄此志已久，只以时未至，故隐忍未发。迩者[3]海内外[4]诸同志共谋起义，以扑[5]满政府，以救祖国。祖国之存亡，在此一举，事败则中国不免于亡，四万万人皆死，不特儿一人；如事成则四万万人皆生，儿虽死亦乐也。只以大人爱儿切，故临死不敢不为禀告。但望大人以国事为心，勿伤儿之死，则幸甚矣！

夫男儿在世，不能建功立业以强祖国，使同胞享幸福；奋斗而死，亦大乐也。且为祖国而死，亦义所应尔[6]也。儿刻已念[7]有[8]六岁矣，对于家庭本有应尽之责任。只以国家不能保，则自身亦不能保，即为身家计，亦不得不于死中求生也。儿今日极力驱满，尽国家之责任者，亦即所以保卫身家也。他日革命成功，我家之人，皆为中华新国民，而子孙万世，亦可以长保无虞[9]，则儿虽死，亦瞑目于地下矣！惟从此以往，一切家事均不能为大人分忧，甚为抱憾，幸有涛兄[10]及诸孙在，则儿或可稍安于地下也。惟祈大人得信后，切不可过于伤心，以碍福体，则儿罪更大矣。幸谅之！

兹附上致颖媳[11]信一通，俟其到汉[12]时面交，并祈得书时即遣人赴日本接其归国。因彼一人在东，无人照料，种种不妥也。如能早归，以尽子媳之职，或能稍轻儿不孝之罪。临死不尽所言。惟祈大人善保玉体，以慰儿于地下。旭孙[13]将来长成，乞善导其爱国之精神，以为将来为国报仇也。临书不尽企祷[14]之至。敬请万福金安

儿声洞赴义前一日禀于广州城

家中诸大人[15]，及诸兄弟姊妹、诸嫂、诸侄儿女、诸亲戚统此告别。

《绝笔书》手迹

注 释：

〔1〕 第：但。

〔2〕 预备立宪：清朝统治者为了抵制革命、摆脱困境、巩固皇权而采取的政治措施。1906 年，清政府宣布"预备仿行立宪"，并于 1908 年颁布《钦定宪法大纲》，制定了学习日本实现君主立宪的方案，但规定了九年的预备立宪期限。清政府的这一骗局，不断被资产阶级革命派所揭穿。

〔3〕 迩者：近来。

〔4〕 海内外：指国内和国外。

〔5〕 扑：扑灭。

〔6〕 亦义所应尔：照道理讲也是应该这样的。

〔7〕 念：二十。

〔8〕 有：又。

〔9〕 长保无虞：保证永远没有忧患。

〔10〕 涛兄：即方声涛（1885—1934），作者的哥哥。1905 年在日本留学时加入同盟会，回国后曾任云南陆军讲武堂教官、广西兵备处会办、驻粤滇军第四师师长、大元帅卫戍总司令、代理福建省政府主席等职。

〔11〕 作者妻子名王颖，两人于 1908 年结婚，婚后同去日本千叶医学校读书，同盟会会员。

〔12〕 汉：汉口。

〔13〕 旭：作者的儿子方贤旭。

〔14〕 企祷：盼望，请求。

〔15〕 诸大人：指作者的伯父、叔父等长辈。

题 解：

这封信未署日期，根据内容推测，应为 1911 年 4 月 26 日。1959 年，方声洞之妻王颖将保存多年的方声洞《致父绝笔书》捐赠给中国革命博物馆（2003 年，中国革命博物馆与中国历史博物馆组建成中国国家博物馆），现据中国国家博物馆馆藏原件手稿刊印。

起义的前一天晚上，方声洞担心自己此次参加广州起义一旦为国捐躯，父亲可能承受不住这沉重的打击，便写了这封诀别书，说明自己的革命志向，并为今后不能尽孝向父亲告罪。更为感人的是，信中义无反顾地表达了其志在于为祖国强盛、同胞幸福而建功立业，视为祖国奋斗而死为大乐也，可谓"以浩气赴事功，置死生于度外"，其强烈的爱国主义精神感人至深。

林觉民

　　林觉民（1887—1911），福建闽侯人。字意洞，号抖飞。1900年入福建高等学堂，开始接触西方的民主思想，常言"中国非革命无以自强"。1906年东渡日本，第二年入庆应大学攻读哲学，并积极参加留日学生的爱国活动。1911年春同林文等人到香港参加广州起义筹备工作，令黄兴非常高兴，称"意洞来，天赞我也！运筹帷幄，何可一日无君。"后奉命回福建约集革命同志到广州参加起义。4月27日随黄兴攻打总督衙署，奋勇当先。冲出督署后，转攻督练公所，途中与清巡防营交战，受伤被俘，后从容就义，年仅25岁。

致父诀别书

不孝儿觉民叩禀父亲大人，儿死矣。惟累大人吃苦，弟妹缺衣食耳。然大有补于全国同胞也。大罪，乞恕之。

题 解： 林觉民给父亲的遗书据影印手稿刊印。原稿无写作时间，应为1911年4月24日。

1911年4月24日，起义的前三天，林觉民从广州到香港，迎接从日本来的福建籍同志，住在临江边的一幢小楼上。夜阑人静时，他思绪万千，想到龙钟老父，想到弱妻稚子，澎湃的情感无法自已。他彻夜疾书，分别给父亲和妻子写下了诀别书，天亮后交给一位朋友，说："我死，幸为转达。"林觉民牺牲后，这位朋友将他的这两封遗书寄给了他父亲。

林觉民在给父亲的遗书中，说明爱国与尽孝不能两全。但寥寥数语中却饱含着对父亲的爱，更充满对全国同胞命运的关切。

与妻书

（一九一一年四月二十四日）

意映卿卿[1]如晤：

吾今以此书与汝[2]永别矣！吾作此书时，尚是世中一人，汝看此书时，吾已成为阴间一鬼。吾作此书，泪珠和笔墨齐下，不能竟书而欲搁笔，又恐汝不察吾衷，谓吾忍舍汝而死，谓吾不知汝之不欲吾死也，故遂忍悲为汝言之。

吾至爱汝！即此爱汝一念，使吾勇于就死也。吾自遇汝以来，常愿天下有情人都成眷属[3]。然遍地腥云，满街狼犬[4]，称心快意，几家能够。司马青衫[5]，吾不能学太上之忘情也[6]。语云：仁者"老吾老以及人之老，幼吾幼以及人之幼[7]"。吾充[8]吾爱汝之心，助天下人爱其所爱，所以敢先汝而死，不顾汝也。汝体吾此心于啼泣之馀，亦以天下人为念，当亦乐牺牲吾身与汝身之福利，为天下人谋永福也。汝其勿悲。

汝忆否？四五年前某夕，吾尝语曰："与使吾先死也，无宁汝先吾而死。"汝初闻言而怒，后经吾婉解，虽不谓吾言为是，而亦无辞相答。吾之意盖谓以汝之弱，必不能禁失吾之悲，吾先死留苦与汝，吾心不忍，故宁请汝先死，吾担悲也。嗟夫！谁知吾卒先汝而死乎？

吾真真不能忘汝也！回忆后街之屋，入门穿廊，过前后厅又三四折有小厅，厅旁一室为吾与汝双栖之所。初婚三四个月[9]，适冬之望日[10]前后，窗外疏梅筛月影，依稀掩映。

吾与汝并肩携手，低低切切，何事不语？何情不诉？及今思之，空馀泪痕。又回忆六七年前，吾之逃家复归也[11]，汝泣告我："望今后有远行必以告妾[12]，妾愿随君行。"吾亦既许汝矣，前十馀日回家[13]，即欲乘便以此行之事语汝。及与汝相对，又不能启口，且以汝之有身[14]也，更恐不胜悲，故惟日日呼酒买醉。嗟夫，当时余心之悲，盖不能以寸管[15]形容之。

吾诚愿与汝相守以死，第[16]以今日事势观之，天灾可以死，盗贼可以死，瓜分之日可以死，奸官污吏虐民可以死，吾辈处今日之中国，国中无地无时不可以死。到那时使吾眼睁睁看汝死，或使汝眼睁睁看我死，吾能之乎？抑[17]汝能之乎？即可不死，而离散不相见，徒使两地眼成穿而骨化石[18]，试问古来几曾见破镜能重圆[19]？则较死为苦也，将奈何之？今日吾与汝幸双健。天下人人不当死而死与不愿离而离者，不可数计。钟情[20]如我辈者，能忍之乎？此吾所以敢率性[21]就死不顾汝也。吾今死无余憾，国事成不成，自有同志在。依新已五岁，转眼成人，汝其善抚之，使之肖[22]我。汝腹中之物，吾疑其女也，女必像汝，吾心甚慰。或又是男，则亦教其以父志为志，则我死后尚有二意洞[23]在也。甚幸甚幸！吾家后日当甚贫，贫无所苦，清静过日而已。吾今与汝无言矣！吾居九泉之下，遥闻汝哭声，当哭相和也。吾平日不信有鬼，今则又望其真有。今人又言心电感应[24]有道，吾亦望其言是实，则吾之死，吾灵尚依依傍汝[25]也。汝不必以无侣悲。

吾平生未尝以吾所志言汝，是吾不是处。然语之又恐汝日日为吾担忧，吾牺牲百死而不辞，而使汝担忧，的的[26]非吾所忍。吾爱汝至[27]，所以为汝体者惟恐未尽。汝幸而偶我[28]，又何不幸而生今日之中国！吾幸而得汝，又何不幸而生今日之中国！卒不忍独善其身。嗟夫！巾短情长，所未尽者，尚有万千，汝可以摸拟[29]得之。吾今不能见汝矣！汝不能舍[30]吾，其时时于梦中得我乎！一恸！

辛未三月念[31]六夜四鼓[32]意洞手书

家中诸母[33]皆通文，有不解处，望请其指教。当尽吾意[34]为幸！

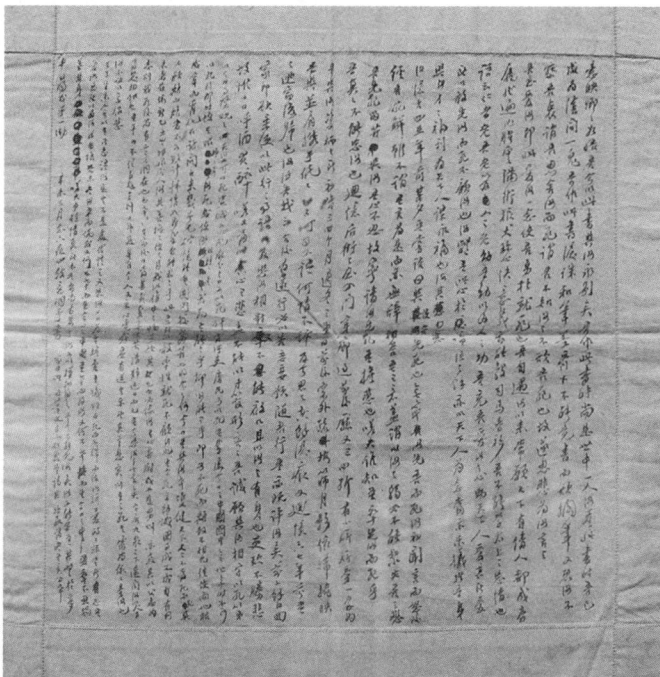

《与妻书》手迹

注释：

[1] 卿卿：古时夫妻或好友之间表示亲爱的称呼。

[2] 汝：你。

[3] 愿天下有情人都成眷属：语出王实甫《西厢记》中的最后一句。这里稍加改动。

[4] 腥云：形容清朝政府的专制统治；狼犬：指清政府的贪官污吏。

[5] 司马青衫：唐朝白居易《琵琶行》中有："座中泣下谁最多，江州司马青衫湿"。江州司马是白居易的自称。这里用此典故，表示作者为清朝政府血腥统治下的中国而十分痛心。

〔6〕 太上：最高，最上。忘情：喜怒哀乐无动于衷。这里是说自己不能学修养最高的圣人，对于"遍地腥云，满街狼犬"的封建专制统治无动于衷。

〔7〕 语出《孟子·梁惠王》。第一个"老"是"尊敬"的意思，第二个"老"是指"长辈"；第一个"幼"是"爱护"的意思，第二个"幼"是指"晚辈"。此句意为尊敬自己的长辈推广到尊敬别人的长辈；爱护自己的子女推广到爱护别人的子女。

〔8〕 充：扩大。

〔9〕 1905年作者同陈意映结婚，两人志趣相同，情深意笃。

〔10〕 望日：指农历每月十五日。

〔11〕 据郑烈的《林觉民传》记载，林觉民婚后不久留给他父亲一封信，说有急事去南洋，请父亲不要挂念。父亲见信后非常着急，搭船到厦门去阻止他，找他三天，毫无踪影，只好回家。不料一进家门，就看见儿子笑着站在门前。这里当指此事。

〔12〕 妾：古时妇女对自己的谦称。

〔13〕 这是指1911年春林觉民奉派回福建组织革命志士赴广州参加起义一事。他此次在家住了十几天。

〔14〕 有身：怀孕。

〔15〕 寸管：毛笔的代称。

〔16〕 第：但。

〔17〕 抑：或是，还是。

〔18〕 骨化石：暗用"望夫石"的故事。相传古代一女子送丈夫出征，丈夫已远去，她还站在那里呆望，直至死去，尸体变成了石头。此处指夫妻离别后相思的痛苦。

〔19〕 破镜重圆：相传南朝陈后主的妹妹乐昌公主嫁给徐德言。陈代灭亡前夕，徐德言把一面镜子分成两半，与乐昌公主约定，如果他们不幸分散，就在正月十五到市上去卖破镜以互相求访。后来乐昌公主到了隋朝的越国公杨素府里，便叫仆人在正月十五到市上去卖破镜，果然遇到了徐德言。杨素得知后便让他们夫妻团聚。

〔20〕 钟情：多情的意思。

〔21〕 率性：干脆的意思。

〔22〕 肖：像。

〔23〕 意洞：作者的字。

〔24〕 心电感应：有人认为人的思想感情可以像电波一样互相感应。

〔25〕 傍汝：守在你的身边。

〔26〕 的的：的的确确，实实在在。

〔27〕 至：达到极点。

〔28〕 偶我：嫁给我，以我为配偶。

〔29〕 摸拟：想象，推测。

〔30〕 舍吾：舍弃我，忘记我。

〔31〕 念：二十。

〔32〕 四鼓：旧时一夜分五鼓，也称"更"，四鼓应是后半夜。

〔33〕 诸母：指家中的伯母、婶母等。

〔34〕 当尽吾意：应当把我信中的意思完全理解清楚。

| 题 解：　　　　林觉民给妻子陈意映的遗书写在一块方形白色丝绸手帕上，原件藏福建省博物馆。

　　林觉民的这封与妻书，洋洋洒洒千余字，充满深情地回顾了与妻子婚后一幕幕"并肩携手，低低切切"的恩爱情景，娓娓表明自己是为"助天下人爱其所爱""为天下人谋永福"，才置生死于度外，劝慰妻子不要悲伤。此时，他妻子的腹中已怀有他们的孩子，为人夫、为人父，林觉民虽然情深意切，却义无反顾地"勇于就死"。其"以天下人为念"之精神感人至深。这封遗书把为国捐躯的激情同对妻子的情爱融为一体，是一封真正的革命党人高尚纯洁的情书，成为被后世传颂的千古绝唱。

喻培伦

喻培伦（1886—1911），四川内江人。字云纪。1905年东渡日本留学，初在东京警监学校学习，后相继入经纬学校、大阪高等工业预备学校、千叶医学校。1908年经吴玉章介绍加入同盟会。为取得革命胜利，搜集资料，典当衣物，购买药品，试制炸弹，因此而受伤致残。1909年8月于武汉谋炸镇压革命党人的两江总督端方未成。1910年与汪精卫、黄复生来到北京。3月31日夜，将自制炸弹置于什刹海甘水桥下，准备炸死清摄政王载沣，因被当局发觉，逃往日本。1911年春来到香港筹备广州起义，负责试制炸弹。4月27日参加攻打总督署的战斗，后转攻督练公所，与增援清兵激战，因弹尽力竭被俘，英勇牺牲，年仅25岁。1912年中华民国临时政府追赠他为大将军。

坚定的信念

学术是杀不了的，革命尤其杀不了！

｜题　解：　　这段话录自《喻培伦传》，载邹鲁著《广州三月二十九革命史》。

喻培伦被俘后，先被清政府的官吏审讯，他慷慨陈词，宣传革命宗旨。在刑场上他大义凛然，庄严宣告："学术是杀不了的，革命尤其杀不了！"表现了革命党人为民主共和奋斗的坚定信念。

庞雄

庞雄（1891—1911），广东吴川人。字甦汉。家境贫寒，早年投入新军，入炮兵营，秘密进行革命活动。1909年冬与倪映典等策划广州新军起义，1910年春起义失败，逃往日本。此后来往于南洋各岛之间，联络革命同志，准备再次发动起义。1911年春从日本回到广州，参与筹备广州起义，负责管理各起义机关的往来文件。4月27日广州起义发动后，跟随起义队伍攻打总督衙署，后又与战友转战在广州的大街小巷。29日被捕，坦然承认自己是革命党，痛斥官场腐败。当审讯官问他是否已经后悔，他大声回答："我视死如归，立志已久，只恨一死未足以尽责。"临刑前，清朝官吏见他如此年轻英俊，为他惋惜，庞雄听后坦然答道："我行吾天职以救同胞，若夫成败则天也。谁无一死，何惜有之。"从容就义，时年仅21岁。

以己苦换天下乐

不有今日苦，何以有后日乐。不有吾苦，何以有天下乐。吾辈死且不畏，奚[1]区区[2]之苦耶！

注 释：

〔1〕 奚：疑问词，何。

〔2〕 区区：(数量)少；(人或事物)不重要。

题 解：

这段话引自《庞雄传》，载革命纪念会编《广州二月三十九革命史》，1926年版。

庞雄早年应征入新军时，亲友怕他吃苦，多来劝阻，他对亲友说了以上这番话，表明了他宁愿自己吃苦以换来天下乐的苦乐观。

罗仲霍

罗仲霍（1882—1911），广东惠阳人。名坚，字则君。家境贫寒。1906年以优异成绩毕业于槟榔屿师范学堂。后筹办吉隆坡尊孔学堂及荷属火水山中华学堂，担任校长，并任吉隆坡报馆主笔。在此期间结识孙中山，革命思想日益浓厚，积极从事革命活动。1911年3月由南洋到香港，为筹备广州起义日夜奔忙。4月奉命回家乡惠州组织革命力量，准备参加广州起义。4月27日广州起义爆发，随黄兴攻打总督署，负伤被俘，受尽折磨，坚贞不屈。牺牲时年仅30岁。

辛亥春返国留别诸同志（节录）

公等健儿好身手，
愧余一介弱书生[1]。
愿将铁血造世界，
亚陆风波倩汝平[2]。

注 释：
[1] 一介：相当于独自一个。
[2] 亚陆：亚洲大陆，这里指中国本土。倩：请人代自己办事。汝：你。

题 解：
该诗载《辛亥革命烈士诗文选》，中华书局 1962 年版。

这是 1911 年春罗仲霍离开南洋回国参加广州起义时向同志们告别时的话。表明作者此去决心牺牲自己，以铁血缔造新的世界，而此后祖国的动乱局面还得靠大家的力量去平定。时隔不久，罗仲霍因参加广州起义而牺牲，这首诗就成了他留给同志的遗言，激励他们继续其未竟的事业。

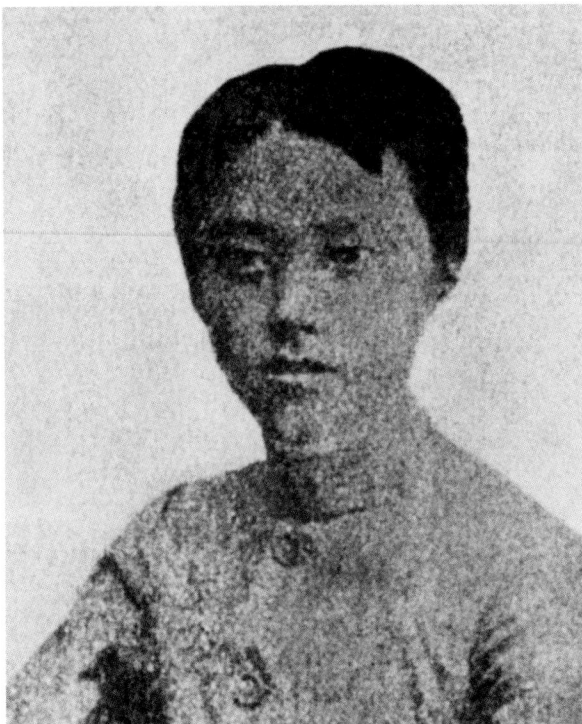

陈更新

陈更新（1890—1911），福建侯官人。字铸三。1900 年入福州高等小学堂。在校时，阅读明清历史书籍及卢梭的《民约论》，崇尚平等、自由，立志推翻清朝专制政府，改革社会。1905 年东渡日本，入九段体育会，毕业后回国，投身军界。1911 年春应好友陈与燊之邀至香港，参与筹备广州起义。4 月27 日抵广州，参加起义，随黄兴攻打总督署。撤出督署后，孤身奋战，奋力拼搏，力竭被俘，从容就义，牺牲时年仅 21 岁。

杀身成仁以唤醒同胞

吾起义，所以警醒同胞，何谓倡乱。杀身成仁，古圣明训。

题　解：　　上文引自《陈更新传》，载《黄花岗福建十杰纪实》，1912 年 3 月日本出版。

陈更新被俘后，清朝官吏审讯时，见他是个眉目清秀的美少年，便问他："你还年幼，为什么作乱，惹来杀身之祸？"他针锋相对地说了上面这段话，驳斥革命非"倡乱"，并表明为警醒同胞不惜牺牲自己的生命。

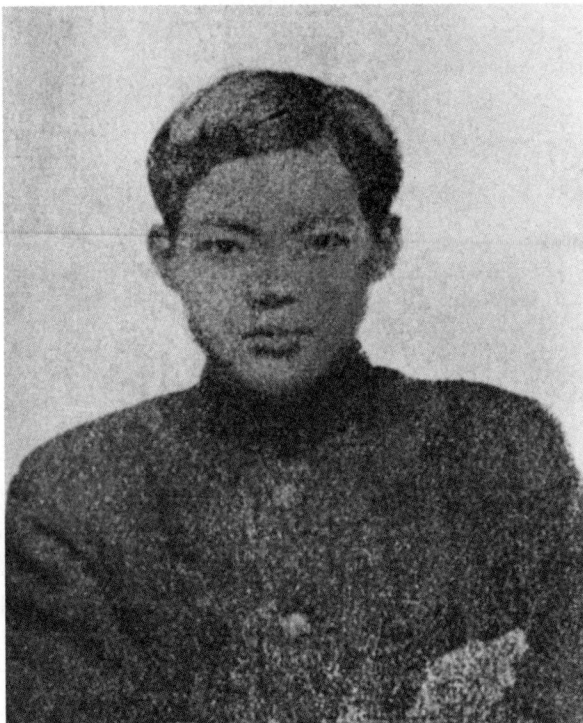

陈与燊

陈与燊（1888—1911），福建闽县人。字瘑心。1908年赴日本留学，入早稻田大学法律科，不久加入同盟会，积极参加爱国运动。1911年春得知革命党人将在广州再次发动武装起义后赴香港，准备前去参加，行前为表示誓死的决心，将自己所存稿件全部烧毁，变卖剩余的衣物充作旅费。后奉林文之命赴台湾募集军费，很快募得三千元。回到香港后，大家因为他身体瘦弱劝他不要去广州参加起义，他坚决不从，称"事苟不成，诸君尽死，我义难独生"。4月27日广州起义中随敢死队攻打总督署，奋不顾身，在撤出总督署的战斗中眼部受伤，竭力死战，被俘后与陈更新等同时就义。牺牲时年仅24岁。

壮士宁战死

战亦死，不战亦死。天下宁有不战而死束手待缚之壮士哉！

题　解： 　　这段话录自《陈与燊传》，载《黄花岗福建十杰纪实》，1912 年 3 月日本出版。

　　广州起义前夕，由于形势急剧恶化，两广总督张鸣岐严加戒备，因此，一部分同志主张延缓起义。陈与燊毫不犹疑，坚决主战，并向同志们说了这番话，表达了宁可战死的决心。

赵声

　　赵声（1881—1911），江苏丹徒人。字伯先，号百先。1902年毕业于江南陆师学堂。求学期间倾向于反清革命。1903年赴日本，结识黄兴。1906年加入同盟会。1910年参与筹划广州新军起义，失败后赴南洋筹款，准备再次在广州起义。后返香港，任统筹部副部长。1911年4月与黄兴领导了广州起义。起义失败，战友牺牲，赵声悲愤至极，5月病逝于香港，终年30岁。

赠吴樾（选二首）

一腔热血千行泪，慷慨淋漓为我言：
“大好头颅拼一掷，太空追攫国民魂。”〔1〕

临歧握手莫咨嗟〔2〕，小别千年一刹那〔3〕。
再见却知何处是〔4〕，茫茫血海怒翻花〔5〕。

注　释：

〔1〕 这两句是作者转述吴樾的话。意思是用自己的鲜血和牺牲来感召广大的民众，激发民众的国民精神，推翻清朝封建统治。

〔2〕 歧：歧路，路口。临歧：已经到了分别的路口。意思是二人即将分手。咨嗟：叹息。

〔3〕 小别：暂时分别。一刹那：极短的时间。

〔4〕 再见却知何处是：下次见面不知是在什么地方了。

〔5〕 茫茫：漫无边际。血海怒翻花：指为革命不怕流血牺牲。

题　解：

此诗大约作于1905年，现根据中华书局1962年出版的《辛亥革命烈士诗文选》刊印。

吴樾是作者好友。1905年，吴樾计划刺杀江苏巡抚摄两江总督端方，赵声参与策划。计划决定后，赵声要到南方去，就向吴樾赠诗告别，表明为国为民不惜流血牺牲的决心，并与朋友互勉。赠诗共四首，此为其中的第三、第四两首。

杨笃生

　　杨笃生（1872—1911），湖南长沙人。原名毓麟，字笃生，后更名守仁。戊戌时期倡导维新，曾任《湘学报》编撰，并被湖南时务学堂聘为教习。1902年东渡日本求学，与黄兴等人编印《游学译编》，鼓吹革命。著《新湖南》一书，影响颇大。1903年参与组织拒俄义勇队。1905年回国。后密设暗杀团，研制炸弹，帮助吴樾暗杀出洋考察宪政的五大臣。1906年加入同盟会。1907年与于右任等在上海创办《神州日报》，担任总主笔。1908年赴英国留学。1911年闻广州黄花岗起义失败，忧同志牺牲，愤清政府腐败，在利物浦投海自尽，终年39岁。

致吴稚晖诀别书（节录）

稚晖[1] 先生执手

……（吾）彻夜不成眠[2]，欲得一手枪归国，因英语不佳，人地又生，不得而行[3]。返□后益发闷不可制，于昨日买车票来利物浦[4]，欲趁便船归国，寻一二满贼死之[5]。然海天万里，非日夕可达[6]，而吾胸闷愤不可解，惨不乐生[7]，恨而之死[8]，决投海中自毕[9]。今日即弟命尽之日矣。有电寄蘅青[10]，祈转交。国事大难，公等勉[11]之，为将来自爱[12]。自经沟渎贤哲[13]所羞，然弟欲求从速解脱形神[14]之束缚，与他人无关，亦复不计是非嘲骂也。此颂

日安

弟杨守仁顿首
□日在利物浦车站发

注释：

[1] 稚晖：即吴稚晖，同盟会会员。

[2] 成眠：入睡。

[3] 不得而行：没有能够回国。

[4] 利物浦：英国著名商港，在英格兰西岸。

[5] 寻一二满贼死之：找到一两个满族官僚，杀死他们。

[6] 非日夕可达：不是一天两天就能回得去的。

[7] 惨不乐生：痛苦得不愿意再活下去。

[8] 恨而之死：恨不得立刻就去死。

[9] 决投海中自毕：决心投海，使自己死去。

[10] 蘅青：即石瑛，同盟会会员。

[11] 勉：尽力，努力。

[12] 为将来自爱：为了国家的未来，自己保重自己。

[13] 沟：愚昧无知的（人）；渎：（对人）轻慢、亵渎；贤：有道德、有才能的（人）；哲：智慧卓越的（人）。

〔14〕 形神:形,身体;神,精神。

| 题 解:　　上文根据影印手稿节录。

广州起义失败后,正在英国留学的杨笃生本欲返国,尽己之力,图谋再举,但终因愤不乐生,恨而之死,决投海中自毙。7月,杨笃生自英国爱伯汀城至利物浦。7日,他用红墨水写信两封,分寄吴稚晖和石瑛。在给石瑛的信中,托他将自己所积一百英镑转交黄兴,以作革命经费,三十英镑转交母亲,以报答养育之恩。8日,杨笃生乘车来到海边,投海自尽。朋友将他葬在利物浦公墓。在这封给吴稚晖的诀别书中,杨笃生表明了自己对清政府专制统治的痛恨,勉励同志为国效力。

吴禄贞

吴禄贞（1880—1911），湖北云梦人。字绶卿。1897年入湖北武备学堂。1898年被推荐入日本士官学校骑兵科，其间加入兴中会。1902年毕业回国，在新军中宣传革命。1904年5月奉调入京，任练兵处军学司训练科马队监督。1907年随东三省总督徐世昌赴奉天，任军事参议，旋任延吉边务帮办，提出《延吉边务报告书》证明延吉自古为中国领土。1909年4月升延吉边务督办，并任陆军协都统。次年初被调回京，授以镶红旗蒙古副都统，派赴德、法两国考察军务，同年冬回国，调任陆军第六镇统制。武昌起义后，赴滦州约张绍曾等举兵反清，又赴石家庄与山西革命党联系，拟联合北方新军直捣北京。后断然截留北洋军运往湖北的军火，并电奏清廷，要求停止进攻汉口。1911年11月7日被袁世凯派人暗杀。1912年3月14日，在上海张园举行的追悼大会上，孙中山在祭文中写道："代有伟人，振我汉声。觥觥吴公，盖世之杰，雄图不展，捐躯殉国……"

岁暮杂感

乘槎直达沧溟东，[1] 家在潇湘云梦中。[2]
锦瑟年华悲逝水，[3] 筹边事业等雕虫。[4]
剑横玉塞昆仑月，[5] 马渡阴山瀚海风。[6]
三十功名尘土耳，[7] 一江冰雪笑渔翁。[8]

注 释：
〔1〕槎（chá）：水上的浮木。沧溟：大海。宗懔著《荆楚岁时记》中提到有人乘着浮槎航入天河，这个人就是汉武帝时出使西域的张骞。此句用这个典故形容作者行踪之遥远。

〔2〕潇湘：为两水名，在湖南省境内。云梦：即湖北省云梦县，作者的家乡，为古代云梦泽旧址。此句意为自己的家乡在南方水乡。

〔3〕瑟：弦乐器名，有25根弦。锦瑟：装饰华贵的瑟。李商隐的诗《锦瑟》中有"一弦一柱思华年。""锦瑟年华"即指人的青春时代。逝水：像流水一样消逝。

〔4〕筹边：安定边防的筹划。雕虫：即雕虫篆，为古代的一种字体，很像虫子的形状，汉代常用来雕刻在装饰品上。此句意为清廷不重视边防事业，自己在边疆任职也无非是小技，并不能真正施展抱负。

〔5〕玉塞：本指甘肃敦煌西面的玉门关，这里泛指国境。此句意为：作者手执兵器守卫边疆，常看到昆仑山的月色。

〔6〕阴山：昆仑山脉北支，在内蒙古自治区东部，和内兴安岭相连接。在汉代，阴山是防止匈奴入侵的重要屏障。瀚海：指大沙漠。此句意为：自己骑马北行，在大漠风沙中驰骋。

〔7〕岳飞《满江红》中有"三十功名尘与土"之句，这里作者借用来说自己年已三十，却未能建功立业，为国家做出贡献。

〔8〕指因一事无成，将被在冰雪中垂钓的渔翁所笑。

题 解：
此诗根据《吴绶卿先生遗诗》，1912年排印本。

1906—1909年，作者在吉林边境任职。此诗应为这期间所写。诗中流露了作者因不能施展抱负的内心痛苦，表达了为国家建功立业的迫切心情。

陈
敬
岳

　　陈敬岳（1870—1911），广东嘉应人。字接祥。
1903年至马来半岛，肄业于大霹雳明新学堂，后加
入同盟会，积极从事反清革命活动。1911年广州黄
花岗起义失败后，在香港加入支那暗杀团，以扫除
革命障碍。8月13日在广州与同盟会员林冠慈合力
暗杀清广东水师提督李准，林冠慈炸伤李准，当场
牺牲，陈敬岳被捕入狱坚贞不屈。11月初被害，时
年41岁。

致李孝章绝笔书

（1911 年 6 月 27 日）

孝章[1]团长先生台鉴

　　弟本一无才识之人，蒙公不弃，得列为伍[2]，自思实有无限光荣。回首宗邦[3]，潸然[4]泪下。我最亲爱之同胞，何不幸居满清[5]淫威政府之下，水深火热之中。回思我汉族土地，为满清所征服，以征服之土地、人民，行以最苛[6]之手段相对待。不平孰甚，夫复何言[7]。最痛心疾首[8]者，为虎作伥[9]之汉奸耳。欲拯吾同胞于水深火热之中，须先去一二大汉奸以警[10]其余。观环在粤垣[11]汉奸之纵横，惨无人性，因此，忍无可忍，决意进行。佛教有云："我不入（地）狱，谁入地狱？"是以首先亲自领队出发。荷蒙[12]足下允诺以成弟志，可见生我者父母，知我者足下也。并承委谭、杨、李、伍[13]四君与弟同行，尤[14]见足下之爱我情深，无微不至。倘此次旋[15]粤，不能杀却[16]一二为虎作伥之汉奸，更有何面目以见足下。无论如何，必拼其一死，效汪君[17]所为。譬将炊米作饭，以饷[18]我最亲爱之同胞，自愿以身为燃料。不幸此身竟殁[19]，而热度亦居然[20]升腾矣。弟瘠寐思□[21]，非此[22]不足以振国魂，以张民气。书至此，肝肠寸断，不能续笔[23]。所望足下积极进行，达[24]吾人所抱宗旨。弟虽死犹生，望勿以弟为念。□□□□□□来银贰百元，经收到。□□，此请近安。

　　继成
　　南生　　两兄均此致候，恕不另函。

　　　　　　　　　　　　　　又六月二日
　　　　　　　　　　　　　　弟陈敬岳谨上

注 释：

〔1〕 孝章：即李孝章。

〔2〕 得列为伍：能够加入您统帅的队伍。

〔3〕 宗邦：国家。

〔4〕 潸然：流泪的样子。

〔5〕 满清：清朝为满族所建，革命党人称之为满清。

〔6〕 苛：苛刻、残忍、狠。

〔7〕 不平孰甚，夫复何言：（对此）非常不平，还有什么话可说呢？

〔8〕 疾：痛恨。首：头。痛心疾首：形容痛恨到了极点。

〔9〕 伥：传说被虎伤害致死后又为虎服务的一种鬼，又叫伥鬼。老虎出行，伥鬼作前导，发现陷阱和捕兽网具，伥鬼就请老虎绕道避开。老虎要吃人，伥鬼先把人抓住，剥光衣服，让老虎来吃。为虎作伥：比喻甘心为恶势力或坏人当帮凶。

〔10〕 警：警告。

〔11〕 垣：墙，城。粤垣：指粤城即广州。

〔12〕 荷蒙：承蒙。

〔13〕 谭、杨、李、伍：是与陈敬岳一起赴广州的革命党人，具体姓名不详。

〔14〕 尤：尤其，更。

〔15〕 旋：返回，返归。

〔16〕 却：除去，除掉。

〔17〕 汪君：指汪精卫1910年暗杀清朝摄政王载沣事。

〔18〕 饷：同飨，用酒食款待人。

〔19〕 殁：死。

〔20〕 居然：竟然，表示出乎意料。

〔21〕 寤：睡醒；寐：睡着。此句大意为：无论白天黑夜，我都在考虑。

〔22〕 此：指暗杀清朝封建统治者。

〔23〕 续笔：接着往下写。

〔24〕 达：达成。

题 解：

　　此绝笔书据影印手稿刊印。同盟会成立后，为推翻清王朝的专制统治，进行了多次武装起义，但正如孙中山所言，"由黄冈至河口等役乃同盟会干部由予直接发动，先后六次失败"，这使一些同盟会员转而采取暗杀这一特殊的斗争方式，为革命扫除障碍。陈敬岳即抱定"我不入地狱，谁入地狱"的决心，效法汪精卫暗杀清摄政王载沣去暗杀清广东水师提督李准，以挽救被清政府压迫而处于水深火热之中的人民。此绝笔书为陈敬岳到达广州后写给南洋友人的，反映了他为推翻清王朝的专制统治死而无憾的奋勇牺牲精神及振国魂、张民气的愿望。

林天羽

林天羽（？—1912），字伙飞。1906年参加湖南萍浏醴起义，失败后逃亡海外。不久回国，在山西宣传革命。1911年武昌起义爆发后在山西起义响应。因粮食、武器缺乏，1912年1月兵败牺牲。

失 题

吾侪^[1]既救国，舍身殉主义。

岂惟有生艰^[2]？一死亦不易。

生固我所欲，死亦安得避^[3]！

生死了不关^[4]，期于事有济^[5]。

颇伤我同类^[6]，一奋矜血气^[7]。

狙击^[8]复暗杀，前仆^[9]后者继。

穷其所结果，不与自杀异^[10]。

此辈宁尽诛^[11]，徒^[12]令丧壮士。

我今语同志，幡然变大计^[13]。

古今英伟人，其妙在任智^[14]。

宣尼训好谋^[15]，孟子讥疾视^[16]。

庶几捐小勇^[17]，可以集大事^[18]。

注释：

〔1〕侪：同辈、同类之人。吾侪：即吾辈，我们。

〔2〕岂：难道。生艰：生存下去是很艰难的。全句意为难道只有生存下去是艰难的吗？

〔3〕安得：怎么能够。全句意为人又怎么能够避得开死呢？

〔4〕了不关：完全不关心。

〔5〕期于事有济：期望对事业有所帮助。

〔6〕伤：伤悼，痛惜。同类：指革命同志。

〔7〕奋：奋起。矜：依仗。血气：缺乏周密考虑的血气之勇。

〔8〕狙击：埋伏在隐蔽地点伺机击敌。

〔9〕仆：倒下。

〔10〕不与自杀异：（那些暗杀行为）无异于自杀。

〔11〕此辈：革命党人暗杀的对象。宁：哪能。尽诛：杀尽。

〔12〕徒：仅仅是。

〔13〕幡然：变动很大很突然的样子。变大计：改变根本策略。

〔14〕任智：用智谋，靠机智。

〔15〕 宣尼：孔子。训：教训，教导。好谋：善于谋划。《论语·述而》篇中孔子说"临事而惧，好谋而成。"意思是遇事要冷静，谋划好了才能成功。全句意为：孔子曾说过要善于谋划，以使事情成功。

〔16〕 讥：讥讽。疾视：瞪着眼睛看人。《孟子·梁惠王下》篇中孟子对齐宣王说："抚剑疾视"（按着剑向人瞪眼）的人只是"匹夫之勇"。全句意为孟子对匹夫之勇是持讥讽态度的。

〔17〕 庶几：差不多。捐：捐弃，放弃。小勇：专凭一个人硬拼的匹夫之勇。

〔18〕 可以集大事：可以成大事。

｜题 解： 　　此诗选自中华书局 1962 年出版的《辛亥革命烈士诗文选》一书，写作年代不详。

　　诗的开篇即阐明为救国不惜舍身的志向，并对革命党人前仆后继无异于自杀的暗杀行为进行劝诫，希望改革根本策略，善于谋划以成大事。

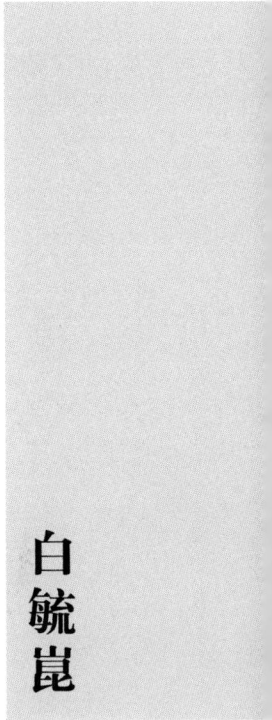

白毓崑

白毓崑（1868—1912），江苏通州人。字雅雨，号铣玉。1885 年入江阴南菁书院学习，结业后到上海任南洋公学及澄衷中学教习。1908 年到天津任北洋女子师范、法政学堂等校教习。同盟会在天津的主要负责人之一。1909 年与张相文等创立中国地学会，编辑出版《地学杂志》。1911 年 10 月武昌起义后，组织红十字会和天津共和会，借以宣传革命，并积极策动滦州新军起义。同年 12 月与胡鄂公代表同盟会与其他革命团体联合组成北方革命协会，协助革命军北伐。1912 年 1 月 3 日滦州宣布独立，成立北方革命军政府，被推为参谋长。起义军准备进逼北京时遭到袁世凯北洋军的残酷镇压，白毓崑被捕殉难，时年 44 岁。

绝 命 诗

慷慨吞胡羯[1]，舍南就北难[2]。

革命当流血，成功总在天。

身同草木朽[3]，魂随日月旋[4]。

耿耿此心志[5]，仰望白云间。

悠悠我心忧[6]，苍天不见怜。

希望后起者，同志气相连。

此身虽死了，主义永流传[7]。

注 释：

〔1〕 吞：吞没，消灭。胡：古代泛指少数民族；羯（jié）：种族名，匈奴族的一种。胡羯：这里指清朝统治者。

〔2〕 舍南就北难：当时中华民国临时政府已在南京成立，中国南方各省已经为革命势力所控制，而北方仍在清政府统治之下。作者矢志推翻清政府，因此表示要自己抛弃南方，放弃革命，而迁就北方清朝政府，这是办不到的。

〔3〕 身同草木朽：我身虽死，犹如草木朽没。

〔4〕 魂随日月旋：我的革命精神将与日月同在。

〔5〕 耿耿：原是形容火光明亮的样子，此处是形容意志坚定。

〔6〕 悠悠：心里忧愁的样子。

〔7〕 主义：革命精神。

题 解：

这首诗是 1912 年 1 月作者于就义前所作。现根据中华书局 1962 年出版的《辛亥革命烈士诗文选》刊印。

作者被捕后，大义凛然，谓："吾自当为国死"，从容就义。这首遗诗表现了作者崇高的革命信念和对同志继续未竟事业、发扬革命精神的期望。

黄之萌（1887—1912），贵州贵定人。字季明，又字继明。1908年赴云南参加同盟会领导的河口起义。1910年到北京，考入陆军测绘学堂，毕业后入军咨府测地局。1911年武昌起义后到天津，参加同盟会，在京津同盟会暗杀部做秘密工作，决心暗杀镇压北方革命运动、捕杀革命党人的袁世凯。1912年1月15日与张先培、杨禹昌等暗携手枪、炸弹，埋伏在北京东安市场附近，当袁世凯路过时向其乘坐的马车投掷炸弹。袁卫士死伤甚多，袁本人却毫发无损。黄之萌等被捕，随后被杀害，时年25岁。后黄兴等找到黄之萌、杨禹昌、张先培刺袁三杰的遗骸，与同月26日炸死宗社党首领良弼而牺牲的彭家珍一起，合葬在三贝子花园（今北京动物园内），孙中山亲临主持葬礼。

黄之萌

失 题

朔风砭骨不知寒[1]，几次同心是共甘[2]。
在昔头皮拼著撞[3]，而今血影散成斑[4]。
天悲却为中原鹿[5]，友死犹存建卫蛮[6]。
红点溅飞花满地[7]，层层留与后人看。

注释：

[1] 朔风：北风。砭：刺。

[2] 共甘：同甘共苦之意。此句是说：自己和同志们几次在一起做革命工作，彼此同心协力、同甘苦共患难。

[3] 头皮：指头颅。此句意为自己和同志们一直拼着性命来干革命事业。

[4] 斑：指血迹。此句意为：如今同志们为国牺牲，热血散成了点点斑痕。

[5] 鹿：喻指天下。古代有"逐鹿中原""鹿死谁手"的成语。这句意为上天都悲哀国家仍被清政府所统治。

[6] 友：指革命志士。建卫："建州卫"的简称，在今辽宁省和吉林省境内，是清朝祖先的根据地。蛮：对满族封建统治者的蔑称。这句是说：这么多的革命志士牺牲了，但清政府的专制统治仍然没有被推翻。

[7] 红点：血点。花：血花。

题 解：

此诗录自中华书局1962年出版的《辛亥革命烈士诗文选》一书，写作年代不详，一说为作者被捕后在狱中所作。

作者被捕后遭受酷刑，但宁死不屈。在遗诗中，他痛悼为推翻清政府的专制统治而牺牲的革命志士，表现了忧国忧民的感情和正义永存、主义永在的思想。

彭家珍

彭家珍（1888—1912），四川金堂人。字席儒。1903 年入成都武备学堂，1906 年毕业后赴日本考察军事，回国后入四川高等军事研究所。1907 年任四川新军第三十三协六十六标一营左队哨长，1909 年 3 月升该队队官。不久调往云南，任新军第十九镇随营学堂教练官兼教习，又调任奉天学兵营讲师，1910 年改任奉天讲武堂讲师。1911 年 9 月任天津兵站司令部副官。武昌起义后加入同盟会，任京津同盟会军事部长。曾扣留清政府购自欧洲用以镇压革命的军火，并策动滦州起义。1912 年 1 月 26 日在北京炸死满洲贵族组织宗社党首领良弼，自己也不幸被弹片击中而牺牲，时年 24 岁。

致赵铁桥、黄以镛书

铁桥、斗寅兄珍重[1]：

　谈心把臂，几历星霜[2]；胶漆情投[3]，鲍叔知我[4]。生离忧悲，宁论死别！去矣，去矣！来日大难[5]，两兄努力，弟其长此终古也[6]。夫虎穴探子[7]，龙颔求珠[8]，命等鸿毛，身游羿彀[9]。设不幸而荆卿剑击庭柱[10]，子房锥中副车[11]，则伍孚刭颈[12]，景清剥肤[13]，宰割凌迟之惨[14]，所不免矣。即或鲸鲵翦戮[15]，蛇豕就诛，卫士必将攫人[16]，重门岂能飞渡[17]？聂政抉眼[18]，锡麟煎心[19]，呼吸危亡[20]，祸至无日[21]。况炸丸猛烈[22]，玉石俱焚[23]，杀我杀人，同归死路。综比三端，弟宁有生还望乎？呜呼！已矣！易水风寒[24]，二兄不必为白衣冠之送矣[25]。山河破碎，大陆将沉，祖狄闻鸡[26]，刘琨击楫，楼船风利[27]，正当努力中原。寄来像片二，异日神州光复，鳌整天衢[28]，二兄触目兴怀，当思我辈痛饮黄龙，亦忆有同心合志之故人含笑于九京乎[29]！

注 释：

〔1〕斗寅：黄以镛的别名。

〔2〕星霜：星星随着地球的运转改变位置，一年一循环。每年天冷时下霜。因此，古人将星霜作为年岁的代称。几历星霜：经过了几年。

〔3〕胶漆：比喻友谊深厚。

〔4〕鲍叔：据《史记·管晏列传》，鲍叔牙和管仲友情深，也很了解他，所以管仲说：生我的是父母，了解我的只有鲍叔。

〔5〕此句意为未来的革命形势非常艰难。

〔6〕终古：从此为古人，即死去。

〔7〕《后汉书·班超传》中记载：东汉班超曾言"不入虎穴，焉得虎子"。意为取胜就要不惧危险。

〔8〕《庄子·列御寇》中记载了一个传说：一青年在水底乘龙熟睡时，冒险从龙颔下取得珍贵的珠子。

〔9〕《庄子·德充符》记载羿善射箭，百发百中，在他的弓箭射程内非常危险。

〔10〕荆卿剑击庭柱：战国时荆轲用匕首刺秦王未中，插进殿上铜柱。作者暗指自己的暗杀行动有可能失败。

〔11〕子房：张良，字子房，汉高祖刘邦的谋臣。此句指公元前218年张良与力士在博浪沙用铁锤行刺秦始皇，却没有成功，误中副车。

〔12〕伍孚：东汉献帝时的武官，因痛恨董卓残暴而行刺，失败被杀。

〔13〕景清：明建文帝时的御史大夫，准备行刺明成祖朱棣时被发现，遭酷刑。以上两句中"刎颈""剥肤"与历史记载有异，但说明作者做好了失败的准备。

〔14〕凌迟之惨：古代最残酷的刑罚。

〔15〕鲸、鲵：鱼名，雄的为"鲸"，雌的为"鲵"。与下句的"蛇豕"均指清朝统治者。翦戮：消灭。

〔16〕攫人：捉人。

〔17〕此句意为即使暗杀成功也很难逃脱。

〔18〕聂政：战国时，聂政替韩国的严仲子刺死相国侠累，因怕人认出自己，就挖出自己的眼睛，揭去脸上的皮肤。作者借此事比喻自己可能遭到敌人杀害。

〔19〕锡麟：徐锡麟。因刺杀安徽巡抚恩铭，遭清政府报复。

〔20〕此句指自己已接近死亡。

〔21〕无日：时间很短。

〔22〕炸丸：炸弹。

〔23〕玉石俱焚：比喻与敌人同归于尽。

〔25〕白衣冠：丧服。《史记·刺客列传》记载，荆轲将要到秦国刺秦王，燕太子丹和门客都穿着白衣冠到易水边送行，以示诀别。

〔26〕祖逖、刘琨：晋朝的爱国志士，两人志同道合。一天半夜，祖逖被远处传来的鸡叫声惊醒，便把刘琨踢醒，起床练剑。后人用"闻鸡起舞"比喻奋发有为。

〔27〕楼船：古代战船。风利：顺风。比喻革命高潮已经到来，应抓住机会推翻清王朝的统治。

〔28〕釐整：治理，整顿。天衢：国都。指革命胜利后重新整顿都城。

〔29〕九京：九泉。意为你们喝庆功酒时不要忘了还有一位志同道合的朋友正含笑于九泉之下。

题 解： 这封书信是1912年1月作者在决心刺杀良弼时写给赵铁桥、黄以镛的。他们是同盟会会员，也是彭家珍加入同盟会的介绍人，辛亥革命前在北京、天津一带进行革命活动。现根据中华书局 1962 年出版的《辛亥革命烈士诗文选》刊印。

此信是作者与友人的诀别信。在信中，他一方面表达了与友人依依不舍之情，更是引经据典，表明自己深知暗杀行为极其危险，但为达到推进革命的目的，仍然坚定地挺身而出，慷慨赴死。以生命铸就的浩然正气跃然于纸上。

熊朝霖（1888—1912），字其贤，贵州贵阳人。1904 年就读贵阳中学堂。后入贵州陆军小学、湖北陆军中学。在学习军事课程的同时，钻研法国资产阶级学者孟德斯鸠的《万法精理》、卢梭的《民约论》等著作，并著《军人思想》一书，宣传民主革命，在青年士兵和学生中广为流传。1911 年毕业后加入革命组织共和会。1912 年 1 月与王金铭、施从云等发动滦州新军起义，任敢死队队长，后在进军天津途中与清军激战，兵败被捕，不屈牺牲，年仅 24 岁。

熊
朝
霖

绝命诗（之一）

夷祸纷纷愧伯才，[1] 天荒地老实堪哀。[2]
须知世界文明价，尽是英雄血换来。[3]

注 释： 〔1〕 夷：指满族统治者。伯：同"霸"。伯才：即指可以称雄称霸的杰出才干。此句意为：在清王朝统治下，祸乱纷起，自己很惭愧没有杰出的才干平定这样的局面。

〔2〕 天荒地老：指国家在封建专制统治下形成的死气沉沉的局面。哀：悲哀、悲痛。

〔3〕 此句意为：世界文明都是不惧牺牲的英雄们用鲜血和生命换来的。

绝命诗（之二）

男儿死耳果何悲，[1] 断体焚身任所为！
寄语同胞须努力，燕然早建荡夷碑。[2]

注 释：

[1] 唐朝名将张巡于安史之乱时誓死守卫睢阳，屡次击败叛军，终因寡不敌众被捕。他对一同被捕的南霁云说："男儿死耳，不可为不义屈！"，即男子汉大丈夫宁死不能为不义所屈服。作者用此典故表明自己的志向。

[2] 燕然：山名。在今蒙古人民共和国境内。荡：扫荡。东汉时大将军窦宪乘胜追击匈奴，出塞三千多里，登上燕然山，命人刻石记功，立碑于山上。此句以匈奴比喻清朝统治者，希望革命早日成功。

题 解：

这两首诗录自中华书局 1962 年出版的《辛亥革命烈士诗文选》一书，据胡鄂公《辛亥革命北方实录》记载，作者被捕后在临行前写了四首诗，此为其中之二。

作者在诗中表明为推翻清王朝的统治不惜牺牲生命的坚定信念，并寄语同胞继续完成未竟的革命事业。诗中充满了感人的豪气和英雄气概。

宁调元

宁调元（1883—1913），湖南醴陵人。字仙霞、太一。曾在长沙明德学堂读书时受到在此执教的黄兴的革命思想影响。1904年加入华兴会，次年留学日本，并加入同盟会。因日本政府颁布《取缔清国留日学生规则》愤而回国，在湖南从事革命活动，参与创办《中国公学》。1906年主编《洞庭湖》杂志，鼓吹反清革命，遭清政府通缉，逃亡日本。萍浏醴起义爆发后，回国策应，在岳州被捕，入狱三年。出狱后主编《帝国日报》，抨击时政，宣传革命。1912年年初在上海参加民社，创办《民声报》。后赴广东任三佛铁路总办。1913年3月宋教仁被暗杀后辞职来沪，进行讨袁活动。后赴武汉筹划讨袁起义，遭袁忌恨，被捕入狱，遇害于武昌，时年30岁。

岳州被逮时口占

绕树更无枝可依，[1] 丈夫豹死不留皮。[2]
慈亲如倚门前望，[3] 休为孤儿老泪垂。[4]

壮志澄清付水流，[5] 漫言后乐与先忧。[6]
鬼雄如果能为厉，[7] 死到泉台定复仇。[8]

白刃临头枉用号，[9] 向天搔首奈天高。
只缘不伴沙场死，[10] 虚向人间走一遭。

注　释：

〔1〕 此句借曹操《短歌行》"月明星稀，乌鹊南飞。绕树三匝，何枝可依！"语境，比喻自己被捕后像乌鹊失去依靠一样。

〔2〕 此句出自欧阳修《王彦章画像记》。王彦章是五代时后梁的名将，在与后唐军作战中屡立战功，后被后唐军俘虏，不屈而死。欧阳修对王彦章十分崇敬，写成此篇。文中有：公"平生尝谓人曰：'豹死留皮，人死留名。'盖其义勇忠信出于天性而然。"突出他的勇猛善战和大义凛然。这里反喻自己如果"豹死不留皮"这样死去未免不甘。

〔3〕 慈亲：《吕氏春秋·慎大》："汤立为天子，夏民大说，如得慈亲。"后多指母亲。唐代聂夷中的《游子行》："慈亲倚门望，不见萱草花。"

〔4〕 此句与上句意为如果母亲倚门相望，不要为思念儿子流泪。

〔5〕《后汉书·范滂传》中说范滂"登车揽辔，慨然有澄清天下之志"。澄清：意为使混乱的时局归于平定。

〔6〕 漫言：空谈。范仲淹在《岳阳楼记》中有"先天下之忧而忧，后天下之乐而乐"。此句意为自己的大志已成空谈。

〔7〕 鬼雄：即为国牺牲的英雄。厉：本指害人的恶魔，这里引申为对敌人的报复。

〔8〕 泉台：坟墓。

〔9〕 枉用号：向天呼号是枉然。

〔10〕 缘：因为。

题　解：　　　此三首诗录自中华书局 1962 年出版的《辛亥革命烈士诗文选》一书，为作者 1906 年冬（一说 1907 年 1 月）被捕后所作。据作者《明夷诗钞》卷一，原作共十首，此处选录三首。

　　　　宁调元在岳州（今岳阳）被捕后，做了牺牲准备，写下了绝命诗，受审时毫无惧色，慷慨请死。诗中有对萍浏醴起义失败、自己被捕入狱无法施展抱负的不甘，但却依然斗志不减，希望自己能够为推翻清政府战死沙场。

武昌狱中书感（四首选一）

拒狼进虎亦何忙，[1] 奔走十年此下场！[2]
岂独桑田能变海，[3] 似怜蓬鬓已添霜。[4]
死如嫉恶当为厉，[5] 生不逢时甘作殇。[6]
偶倚明窗一凝睇，[7] 水光山色剧凄凉。[8]

注　释：

〔1〕 此句意为赶走清王朝那样一头狼，换来袁世凯这样一只虎。

〔2〕 当指作者 1904 年加入革命团体华兴会，致力于推翻清王朝统治，到 1913 年，奔走了十年。但是却拒狼进虎，国家的命运依然没有多少改变，所以非常感慨。

〔3〕 岂独：用反问的语气表示不单是桑田能够变成海。

〔4〕 蓬鬓：鬓发蓬乱。此句指自己十年奔走革命的艰辛。

〔5〕 嫉恶：憎恨。厉：厉鬼。

〔6〕 殇：死。

〔7〕 睇（dì）：斜着眼睛看。

〔8〕 剧：厉害，形容程度。

题　解：

此诗录自湖南人民出版社 1988 年版《宁调元集》，原诗为四首，此为之四。

1913 年，宁调元在汉口租界暗中联络同志，准备发动讨袁起义，不幸事败，被捕入狱。这使得这位为民主共和奔走多年的革命党人十分感慨，未死于清廷酷吏之手，却在民国建立后落入牢狱之中。这样的结果令作者发出悲愤之声。虽然宁调元自知不能幸免于死，但是绝不向反动势力屈服，甘愿为革命捐躯。

蒋
翊
武

蒋翊武（1885—1913），湖南澧县人。原名伯
夔。1903年考入常德师范学堂，结识宋教仁。1904
年因谋反清革命被学校开除学籍。1906年在上海加
入由革命党人和留日学生发起成立的中国公学，参与
《竞业旬报》的编辑工作，宣传革命，并加入同盟会。
1909年入湖北新军，参加群治学社，后改组为振武
学社、文学社，任文学社社长，在湖北新军中进行革
命宣传和组织工作，与共进会合作，准备在武昌发动
起义，并被推举为起义总指挥。10月9日汉口机关
遭到破坏，被迫出走。10日武昌起义爆发，任湖北
军政府顾问，后继黄兴任战时总司令及驻汉招抚使等
职。临时政府北迁后被袁世凯调至北京，授高等军事
顾问、陆军中将加上将衔等，拒而不受。1913年"二
次革命"爆发，被湖南都督府任命为荆豫招护使，策
动反袁，发表《讨袁檄文》。"二次革命"失败后在全
州被捕，10月被枪杀于桂林，年仅29岁。1921年12
月，孙中山出师桂林，专程凭吊蒋翊武，下令修建纪
念碑，并亲笔题写了"开国元勋蒋翊武先生就义处"。

绝 命 诗

当年豪气今何在？如此江山怒难平。[1]
嗟我寂冤终无了，[2]空留弩剑作寒鸣。[3]

只知离乱逢真友，谁识他乡是故乡？
从此情丝牵未断，忍余红泪对残阳。

痛我当年何昧昧？[4]只知相友不相知；
而今相识有如此，满载仁声长相思。

斩断尘根感晚秋，中原无主倍增愁！
是谁支得江山住？[5]只有余哀逐水流。

| 注 释： | 〔1〕 此句当指辛亥革命虽然推翻了清王朝的封建统治，但袁世凯窃国后建立起北洋军阀反动政权，为实行专制统治暗杀宋教仁，又以武力镇压南方革命党人的"二次革命"，国家仍然处在帝国主义和封建主义的压迫之下。这样的局面不能不令作者感慨。 |

〔2〕 嗟：感叹。无了：没有结果。此句指自己事业未竟，身陷囹圄，死而有憾。

〔3〕 弩剑：本指古代兵器。此处当指作者自己落入敌手，空有为国为民的一腔热血而无法尽力了。

〔4〕 昧：糊涂。意指自己当初对谭延闿等人的本质缺乏认识，当作朋友，导致革命党人被杀害，革命遭到严重损失，痛定思痛，追悔并感叹自己糊涂。

〔5〕 支：支撑。江山：指国家。此句是作者忧国忧民的发问：究竟谁才是支撑国家长治久安的人呢？

| 题 解： | 此诗录于《澧县文史资料》第3辑，1986年12月。 |

和许多革命志士一样，蒋翊武的一生可谓短暂，但在这短暂的一

生中，他追随孙中山先生，矢志于推翻满清建立民国，誓死捍卫民主共和。在诗中，他表达了对壮志未酬的惋惜，对政权落于袁世凯之手的痛心，对自己即将赴刑场无法实现革命目标的不甘以及对国家命运的担忧，更有对后继者改变中国现状的期盼。其为民主共和献身的民族大义和不屈精神令人景仰。

罗福星

　　罗福星（1884—1914），广东镇平人。生于印度尼西亚。字东亚，号国权。1903 年毕业于巴达维亚（今雅加达）中华学校，再入台湾苗栗公学。1907 年 2 月赴广东，结识黄兴、赵声等人，加入同盟会。后受聘为广东视学兼广州府学堂监督。出任新加坡华侨中学校长，往来于新加坡、缅甸等地从事革命活动。后任同盟会缅甸联络站缅甸书报社主任。1911 年 4 月 27 日参加广州起义，随黄兴攻打总督署，负伤脱险。同年 10 月率南洋义军二千余人赴武昌支援革命。民国成立后回家乡镇平任大地中学校长。1912 年 11 月奉孙中山之命到台湾成立同盟会支部，进行抗日活动。1913 年 12 月在淡水被捕，1914 年 3 月被日本侵略者杀害，时年 29 岁。

遗 诗

猎猎寒风彻夜吹[1]，萧萧落叶故园悲[2]。
市中有客皆瓦缶[3]，台上无冠不野狸[4]。
破碎山河谁补缀[5]，天涯兄弟合流离。
新亭夜夜添新泪，都在二更月冷时。

辛亥冬至
牛稠壮士[6]
罗东亚贡稿

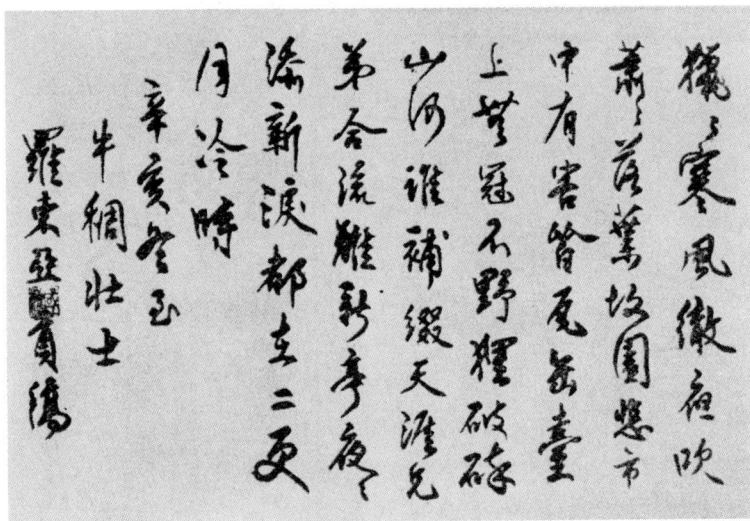

《遗诗》手迹

注 释：
[1] 猎猎：指风既寒且猛。
[2] 萧萧：形容树木被风吹动的声音。
[3] 市中：指国中。客：人。瓦：用陶土烧制的器皿。缶（fǒu）：大肚小口的瓦器。瓦缶：泛指瓦器。这里意指无血性无反抗精神的无用之人。全句意为国中之人大多是毫无反抗精神的无用之人。

〔4〕 台上：指掌权之人。冠：当官的。野狸，野兽。

〔5〕 缀：缝合，连接。

〔6〕 牛稠壮士：作者自署牛稠壮士。

题 解：　　此诗作于 1911 年 12 月 23 日，现根据影印手稿刊印。

　　1895 年中日甲午战争后签订的《马关条约》规定，中国割让辽东半岛、台湾全岛及附属各岛屿和澎湖列岛给日本。自此，台湾陷入日本的殖民统治之下。罗福星至台后，筹备抗日起事。这首诗反映了作者渴望中国彻底摆脱清朝封建统治、实现祖国独立统一的迫切心情。

韩伯棠

　　韩伯棠（1893—1914），安徽安庆人。字宗唐。1909年安徽陆军学堂肄业，后转入北京法政专门学堂。毕业后参加同盟会，从事反清革命活动，不幸被捕。南北议和时南方代表伍廷芳提出以释放在押党人为和谈条件，得以出狱。袁世凯被清政府任命为内阁大臣之后，于1911年11月28日向袁投掷炸弹未中，趁乱逃脱。袁世凯窃取临时大总统之后图谋复辟帝制，1914年5月奉孙中山密令到上海和苏州，联合军警，准备发难。9月因被叛徒告密在苏州被捕。同年12月1日在赴刑场时咬破手指，在内襟上血书绝命诗一首，就从容就义，年仅21岁。一年后蔡锷在云南组织护国军讨袁，感言"我之举事，非我一人所为，乃继韩伯棠等人之后，系中华民族之需矣"！

绝 命 诗

借债重重已破家，[1] 是谁断送好中华。
千秋自有董狐笔，[2] 撒手西归不理他！

注 释： [1] 此句当指袁世凯统治时期出卖路权、矿权，大肆向列强借款，并
与列强签订一系列不平等条约，其中，"善后大借款"合同，用盐税等
作担保，中国须聘外国人掌握盐税征收事务，使列强实现了控制和监
督中国财政的目的。因此，作者感叹"借债重重已破家"。
[2] 董狐：春秋时晋国的史官，因敢于秉笔直书被后人尊为正直史家。
据《左传·宣公二年》载：赵穿杀晋灵公，身为正卿的赵盾没有制止，
董狐认为赵盾应负责任，便在史策上记载"赵盾弑其君"。后孔子称赞
说："董狐，古之良史也，书法不隐。"此句意为历史自有公论，会记载
下来是谁断送了大好国家。

题 解： 此诗录自 1985 年 1 月《望江文史资料》第 1 辑。
全诗激昂悲壮，大义凛然，既有对袁世凯独裁卖国的痛斥，更有
为民主共和慷慨赴死的浩然正气。作者虽然为民主共和牺牲了年轻的
生命，但他对国家命运的关切和勇于赴死的气节已彪炳史册，永为后
人所铭记！

吴慕尧

吴慕尧（1877—1915），贵州锦屏人。1894年到京师游学。1898年受维新思想影响，在贵阳与彭述文等倡导组织贵州不缠足会，从事妇女解放运动。1905年授独山州训导，辅佐知府负责教育事务。1906年被派赴日本考察学务，受到孙中山、黄兴革命思想影响转向革命。1907年回国后变卖田产，筹资前往京津沪等地联络同志。1912年加入同盟会，投身于资产阶级民主革命活动。同年还加入南社，后任《国风日报》主笔，撰文揭露袁世凯投靠帝国主义、倒行逆施及欺骗威胁革命党人等行径，后袁世凯下令查封报馆。1913年7月"二次革命"兴起，任讨袁军总司令部秘书，辅佐黄兴等起兵讨袁，身先士卒，率众杀敌，支撑局面。因起义失败逃亡日本。1914年回国，拟杀袁世凯，因叛徒告密在上海被捕。1915年2月19日被杀害于军警执法处，时年38岁。

绝 命 诗

慷慨挥椎博浪沙，[1]
丹心一片兴中华。
男儿一死无他恨，
大千世界是吾家。

注 释： 〔1〕挥椎博浪沙：《史记》有张良与力士刺杀秦始皇的记载。秦始皇
二十九年（公元前218年）始皇帝到东方巡游，张良与力士狙击始皇帝
于博浪沙。此句意为自己志在为国杀敌。

题 解： 此诗录自1989年3月《黔东南文史资料》第7辑。
作者在诗中表明了一片丹心在振兴中华，视牺牲生命为己任，死
而无憾。其视死如归和大义凛然的英雄气概唤醒国人，也激励来者。

仇亮

仇亮（1879—1915），湖南湘阴人。原名式匡，字蕴存。1900 年在长沙求是书院肄业，1903 年留学日本，入东京士官学校学习军事。1905 年加入同盟会，被推为湖南分会会长。为士官学校同盟会负责人之一。《民报》创刊后任编辑，鼓吹民主革命。1909 年回国后，先在清政府军谘府任职，1910 年秋赴太原任督练公所督练官。1911 年 10 月武昌起义爆发后，策动山西新军响应，曾亲率革命军围攻巡抚衙门，击毙山西巡抚陆钟琦。1912 年 1 月南京临时政府成立，任陆军部军衔司司长。袁世凯在北京就任中华民国临时大总统后，仇亮创《民主报》于北京，以舆论针砭袁氏弊政。1913 年《民主报》以宋案抨击袁世凯被查封，仇亮离京回湘。1914 年袁世凯武力镇压革命党人的二次革命后撕毁《临时约法》，称帝野心日益猖獗，激起全国人民反抗，仇亮遂再次回京继续革命，不料被捕入狱，于 1915 年 6 月 9 日遇难，时年 36 岁。

绝命诗之一

祖龙流毒五千年，[1] 百劫残灰死复燃。[2]
碧血模糊男子气，黄袍娇宠独夫天。[3]
那堪新莽称元首，[4] 定有荆轲任仔肩。[5]
世不唐虞心不死，[6] 望中凄绝洞庭烟。[7]

注　释：

〔1〕祖龙：指秦始皇，此处代指封建独裁统治者。祖龙流毒：即指封建专制余毒。五千年：从秦朝到辛亥革命前，封建社会两千多年，此处形容封建流毒的长久。

〔2〕百劫：形容时间长久。残灰死复燃：比喻封建残余势力复活，指1915年袁世凯称帝。

〔3〕据《宋史·太祖本纪》记载：宋太祖赵匡胤的部下将领在陈桥驿拥戴他为皇帝，并把皇帝的龙袍披在他身上，其实是他授意的。这里借指袁世凯复辟帝制。独夫：《孟子·梁惠王》下篇：夏桀和殷纣都是残酷害民的国君，这样的国君人民已经不承认了，只能算是众叛亲离的"一夫"，后称"独夫"。

〔4〕王莽代汉称帝，改国号为"新"，这被认为是大逆不道的篡位，因此作者将王莽比喻成袁世凯。

〔5〕任仔肩：担负责任。此句意为将来一定会有像荆轲一样的人担负起杀死袁世凯的重任。

〔6〕此句意为中国社会如果不变成理想中的唐尧虞舜时代的治世，自己决不死心。

〔7〕想到家乡洞庭湖上的烟波而备感凄凉。

题　解：

此诗录自《辛亥革命烈士诗文选》，中华书局1962年版。作者遗诗共有六首，均为牺牲后由狱卒秘密传抄而保留下来。这首诗是其中的一首。

在这首诗中，作者谴责袁世凯专制独裁，倒行逆施，恢复帝制，表达了对于时局的担忧和对于家乡的思念之情。

绝命诗之二

曾将宝鼎铸神奸，[1]　自笑生天本性顽。[2]
热血佽堪膏野草，[3]　痴心偏欲学文山。[4]
圜扉寂寞空回首，[5]　泉路交游不赧颜。[6]
努力追随宋渔父，[7]　头颅同我索生还！[8]

注 释：

〔1〕　神奸：指鬼神怪物。古代传说，夏禹曾用九州进贡的金属铸造成九个宝鼎，并在鼎上铸了各种鬼怪，使人民能够辨认，以免为其所害。这里用在鼎上铸神奸比喻自己办报纸揭露袁世凯的阴谋和毒计。

〔2〕　生天：即天生，指自然的本性。顽：顽强。

〔3〕　膏野草：在野草上涂血迹。此句意为自己不惜一死。

〔4〕　文山：文天祥的字。文天祥在大都（今北京市）被元王朝统治者囚禁四年，坚决不降。作者与文天祥处境相似，因此学习他的不屈精神。

〔5〕　圜：同"圆"，古代称监狱为"圜土"。圜扉：监狱门。

〔6〕　赧（nǎn）颜：因羞愧而脸红。此句意为自己无愧于死去的战友。

〔7〕　宋渔父：即宋教仁，号渔父。孙中山称他为"为宪法流血，公真第一人"。

〔8〕　大意为做好了牺牲生命的准备。

题 解：

此诗录自 1962 年中华书局出版的《辛亥革命烈士诗文选》。

作者在诗中表达了要以文天祥和宋教仁为自己的榜样，为实现民主共和，反对北洋政府的专制统治，即使坐牢、牺牲也在所不惜。

钟
明
光

钟明光（1881—1915），广东兴宁人。字达权。曾因家贫竭资求学。后走南洋，痛内忧外患而加入同盟会，投身革命。辛亥革命后，南北和议告成，愤"革命不彻底"，使袁世凯窃取了辛亥革命胜利果实，于1913年回国，准备参加讨袁军武装讨袁。至香港后，得知"二次革命"已失败，回到家乡。因袁世凯搜捕革命党人甚急，再赴南洋。1915年回国，谋倒袁，因愤于广东将军龙济光支持袁世凯称帝，遂加入暗杀团，谋刺龙济光。8月27日以炸弹炸伤龙济光，被捕遇害，时年34岁。

绝 笔 书

嗟呼！茫茫大陆，顿形泽国[1]；浩浩神州，断送东夷[2]；锦绣山河，竟亡袁氏之手；千秋领土，丧尽一纸空文[3]。痛彼国贼[4]，甘为城下之盟[5]；哀我同胞，竟如牛马之贱。吊民伐罪[6]，汤武[7]尚诛暴民之桀纣[8]；缔造共和，先烈曾流热血而救民。兹我中原黄裔，不少爱国之将士；五族[9]同胞，岂乏铁血之男儿。际此众叛亲离，袁贼之势既孤；人心未死，大事尚属可图。同为五族之民，共兴讨贼之义；速振义旗，扫除妖孽[10]，毋任国贼盘踞，噬脐无及[11]。劝我同志速进，急起勿忘；倘今振臂一呼，必云合而响应。欲免为波兰高丽之惨祸[12]者，在此一举。同舟共济，毋忘雪耻之心；卧薪尝胆，共誓报仇之志。是则弟在九泉之下，可以瞑目无憾矣，我同胞其勖[13]哉！

弟　钟明光□□　□历六月
二十日立

〔1〕泽：聚水的洼地。泽国：犹言荒芜疮痍之国。

〔2〕东夷：指日本。1915年5月，袁世凯政府同日本签订卖国的"二十一条"，故言"断送东夷"。

〔3〕一纸空文：指"二十一条"。

〔4〕国贼：指袁世凯。

〔5〕城下之盟：语出《左传》。指战败国在敌人兵临城下或大军压境的严重威胁下，被迫订立的屈辱性条约。

〔6〕吊民伐罪：慰问被压迫的百姓，讨伐有罪的统治者。史称周武王伐商为"吊民伐罪"。此处指讨伐、推翻腐朽的清王朝统治。

〔7〕汤武：汤，商朝建立者；武，指周武王，西周王朝建立者。夏末，暴君桀执政，暴虐荒淫，商族首领汤起兵灭夏，建立商朝。商末，暴

君纣执政，周族首领周武王起兵灭商，建立周朝。在古代，桀纣被认为是暴虐无道之君的典型，汤武被认为是圣明爱民之君的典型。

〔8〕 桀纣：见注〔7〕 。

〔9〕 五族：辛亥革命前后，时人将汉、满、回、蒙、藏合称五族，代表整个中华民族。

〔10〕 妖孽：指卖国贼袁世凯之流。

〔11〕 噬：咬。脐：肚脐。无及：来不及。此句是说等袁世凯势力巩固后再行讨伐已经晚了，那时后悔莫及。

〔12〕 波兰高丽之惨祸：1795 年，俄国、普鲁士（今为德国之一部）、奥地利三国瓜分波兰，波兰灭亡。高丽即朝鲜，1910 年 8 月，日本强迫朝鲜签订《日韩合并条约》，吞并了朝鲜。

〔13〕 勖，勉力，勉励。

| 题 解：
　　　　　　此绝笔书写于1915 年7 月31 日，是钟明光立志刺杀龙济光后所书。据影印手稿刊印。

　　　　作者痛陈袁世凯丧权辱国的行径，感叹曾有无数先烈为缔造共和而牺牲，呼吁同志急起讨袁，救亡图存。全文字里行间充满忧国忧民的强烈感情。

程璧光

　　程璧光（1859—1918），广东香山人。字恒启。福州船政学堂毕业，曾任广东舰队广甲舰管带。1894 年中日甲午战争期间参加黄海海战。1895 年北洋海军覆灭后，任建造军舰专员，后任海军部第二司司长。1911 年出使英国，继赴美、墨西哥、古巴等国慰问华侨。1913 年任袁世凯政府陆海军统率处参议。袁死后任海军总长，因不满总理段祺瑞擅权而辞职。1917 年随孙中山南下护法，任军政府海军总长。1918 年 2 月 26 日遇刺身亡，时年 59 岁。

家书（节录）

……仗义南来[1]，光明正大，毫无非法行为，绝无权利思想。但惜西南各省[2]未能一致进行，是故迁延数月，未奏虏功[3]，时深内疚之忧，日抱中藏之痛[4]。现幸与两广联为一气，誓师讨贼，但望大局早日敉[5]平，洁身引退，则幸甚矣！昨承举我为粤督[6]，已当面力辞，以明我无权利之思也。各友云[7]"做一年粤督入息有一百万何乐而不为"等语，莫讲一年入息百万，纵然[8]千万，我亦不做。诚如来信所云，有钱为钱累，无钱得觉睡，真识时务者之言，实合我心。国家太平，虽日食一餐粥，亦觉得安。乐和贫两字是我一生志向，无可更改。

注 释：

〔1〕 南来：1917年7月，因北洋军阀段祺瑞拒绝恢复国会和《临时约法》，孙中山率驻沪海军到广东，举起护法旗帜。曾任北洋政府海军总长的程璧光响应孙中山号召，随孙中山南下广州，任护法军政府海军总长。

〔2〕 西南各省：指广东（粤）、广西（桂）、云南（滇）、贵州（黔）、湖南（湘）、四川（川）等省。孙中山南下至广东后，领导粤军、滇军及部分桂军、黔军、湘军、川军等，进行反对北洋军阀段祺瑞的战争，但各省军阀并非真正拥护孙中山，只是借"护法"扩大自己的势力，并千方百计排挤孙中山，终使孙中山愤而辞去护法军政府大元帅职务。南北军阀合流。

〔3〕 虏：敌人。虏功：驱除奸贼之功。

〔4〕 藏：即脏。中藏：心脏。此处是说内心非常沉痛。

〔5〕 敉（mǐ）：安抚，安定。

〔6〕 督：一省或两三省的最高军政长官。

〔7〕 云：说。

〔8〕 纵然：即使。

日记摘录

宁维持公理死[1]

毋违反公理生[2]

程璧光日记摘录

注　释：　　〔1〕　维持：维护。公理：作者心目中的正义事业。
　　　　　　　　〔2〕　毋：不。

题　解：　　这两句话摘自程璧光1917年8月24日的日记，现根据影印手稿刊印。它体现了作者一切为了正义事业的人生信仰。

朱执信

朱执信（1885—1920），广东番禺人，原籍浙江萧山。名大符，字执信。1904年留学日本，结识孙中山、廖仲恺等。1905年加入同盟会，任评议部议员兼书记。1905年11月在《民报》第一号刊载《论满洲虽欲立宪而不能》一文，揭露清政府立宪骗局，主张以革命实现共和，反对改良主义。1906年奉孙中山之命回国，秘密从事革命活动。同年在《民报》上连续介绍马克思、恩格斯，翻译《德意志社会革命家列传》《共产党宣言》和《资本论》部分内容。1910年与赵声、倪映典等发动广州新军起义。1911年4月27日参加广州起义，失败后避居香港。广州独立后出任广东军政府总参议等职。1913年追随孙中山参加"二次革命"。1915年加入中华革命党。后在上海协助孙中山撰写《革命方略》，任《建设》杂志、《民国日报》编辑。1920年为驱逐桂系军阀赴广东联络民军，9月21日被桂系军阀杀害于广东虎门，时年35岁。次年1月16日灵柩安葬于广州东郊，孙中山亲自执绋。

六 言 联

君子所期无愧　圣人随遇而安

题 解：　这是作者书赠何侠的一副对联，现藏于中国国家博物馆，题赠年代不详。何侠（1891—1968），广东大埔人，字时杰，号十年磨剑室主。同盟会会员，曾追随孙中山革命多年。此联内容体现了作者所推崇的两种崇高境界，也是作者自己的品德和人生态度的写照。

六言联

革命与专制

革命以求去专制，此为少数人之意思乎？决不然。中国人之厌受专制政治久矣，辛亥武昌一呼而四应，固以民族主义之深入人心，而使当时有人自主为王亦必不能得多数信从如尔时也。不特此也。南方自民国二年以来，次第有客军侵，于是浙人治浙，川人治川，湖人治湖，粤人治粤，□日以高，其理由亦不外厌压制求伸张其意志而已。然而问题可从此解决乎？不然也。使一问题为与其所求即能解决者，不足以为难问题也。今日各省问题解决之困难，乃在其求之者自身之矛盾。盖今日主张排去压制之人，同时即为欲自实行压制政治之人，攻击他人不依法律之人，即为自身不欲依法律以行动之人。以中少数人自觉其矛盾而犹循之不改，不复可与论矣。多数之人不自知其矛盾而相率陷溺不救，斯可哀也。

凡专制之国，其名受制于一夫，其实非也。设内阁则大臣分其权，设省县则督抚司道守令分其权。推之其极，则吏胥隶役享其专制权之大部分。故为专制国之民者，上之结讬于卿相，外之求于督抚，次之为府县，下之逮于胥役，苟有其途径，皆可借之以伸己一人之意志。故专制之治如铸利剑委之通衢，攫而用之者皆可以报仇杀人。彼革命以前政府之越法暴恣，谓非全国民所欲是也，谓国民全无欲之者则非也。此其习惯成之于数千年以前而深入于人心，虽以空前之改革不能移易人民对于政治上之观念。于是号为民国，而国民不知如何始能真去专制得平等自由。

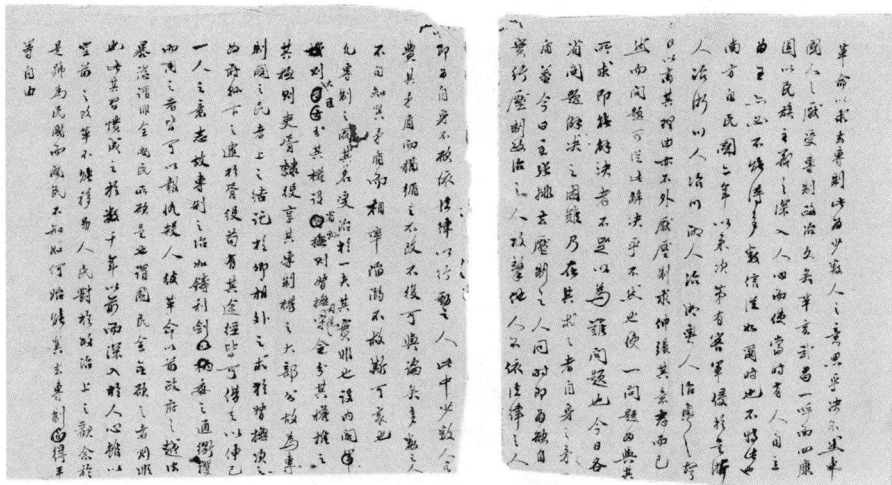

《革命与专制》手迹

| 题 解： 　　此文根据中国国家博物馆馆藏手稿收录，因年代久远，有些字迹难以辨识。此篇论文未收录于作者的遗著《朱执信集》。

　　朱执信是孙中山先生的忠实追随者，一生致力于创建民国和维护民国的伟大事业，尤为坚持理论宣传，为《民国》杂志撰写了许多捍卫共和、反对袁世凯专制的政论。后受苏联十月革命影响，着力"从事思想之革新"。1919年在上海全力从事著述，主编《建设》杂志。从1919年6月至1920年6月，作者写了百余篇评论时政文章。根据这篇《革命与专制》的内容，当写于1916年袁世凯称帝败亡后中国陷入军阀割据局面这一时期。

　　在文中，作者鲜明地指出革命是为了去除专制，抨击了封建专制制度，"专制之治如铸利剑委之通衢，攫而用之者皆可以报仇杀人。"谴责辛亥革命前清政府"越法暴恣"，指出辛亥革命促进了民族的觉醒。但是，作者认为由于中国是一个数千年封建专制的国家，被数千年专制统治而形成的（观念上的）习惯深入人心，即使是中华民国的国民并不知道"如何始能真去专制得平等自由如何"。同时也尖锐地指出"今日主张排去压制之人，同时即为欲自实行压制政治之人，攻击他人不依法律之人，即为自身不欲依法律以行动之人。"即革命与专制仍是矛盾的，这应当是指割据、纷争、混战的各派军阀。该文体现了作者对于现实的敏锐观察力，辛亥革命虽然推翻了清王朝的专制统治，这是革命对于专制的胜利，但是，中国依然没有找到出路，如何真正去除专制而实现平等自由依然需要探索。

施洋

施洋（1889—1923），湖北省竹山县人。字伯高。著名律师。1917 年毕业于湖北私立法政专门学校法律科。1919 年春在武汉开始律师生涯。五四运动时积极投身于反帝爱国斗争，并发起组织湖北各界联合会，任副会长，同年 11 月任全国各界联合会评议长。1922 年加入中国共产党。曾任湖北省工团联合会法律顾问。1923 年 2 月 1 日出席京汉铁路总工会成立大会。2 月 7 日在武汉领导各界人士声援京汉铁路工人罢工时被捕，15 日在武昌英勇就义，时年 34 岁。

监 中 乐

人人都说监狱苦，我坐监狱反觉乐；

不要钱的饭，给我吃个肚儿圆；

不要钱的衣，给我穿过鼓堆堆。

｜题　解：　此诗据中国国家博物馆馆藏打印件刊印。

施洋被捕后，以高昂的斗志和坚韧的毅力，每天书写日记，详细记载被捕和审判经过、狱中生活情况及反动监狱制度的黑暗，并为难友草拟禀状、书写请假释诉状等。据 2 月 13 日记载："晨 7 时阴天，9 点钟早饭后闷躺床榻无事可做，提起毫来写诗数首，兹列予后。"此诗即为其中之一首。它体现了作者以苦为乐的革命乐观主义精神。

高君宇

　　高君宇（1896—1925），山西静乐人。1916年考入北京大学，积极投身于新文化运动和学生运动，为国民杂志社、新潮社、少年中国学会等进步社团主要成员。1920年与李大钊等组织北京马克思学说研究会，在北方积极开展建立共产党和青年团的活动。1922年1月作为中国共产党代表团成员赴莫斯科出席远东各国共产党和民族革命团体代表大会。1922年5月出席在广州举行的中国社会主义青年团第一次代表大会，当选为第一届团中央委员。7月出席中共二大，当选为中央委员。曾任中共中央机关刊物《向导》和中共北方区委机关刊物《政治生活》编辑。参加领导北方工人运动和统一战线工作。1925年3月病逝于北京，时年29岁。

给石评梅[1]的信

评梅先生：

十五号的信接着了，送上的小册子也接（着）了吗？

来书嘱以后行踪随告，俾相研究，当如命；惟先生谦以"自弃"自居，视我能责以救济，恐我没有这大力量罢？我们常通信就是了！

"说不出的悲哀"，这恐是很普遍的重压在烦闷之青年口下一句话罢！我曾告你我是没有过烦闷的，也常拿这话来告一切朋友，然而实际何尝是这样？只是我想着：世界而使人有悲哀，这世界是要换过了；所以我就决心来担我应负改造世界的责任了。这诚然是很大而烦杂的工作，然而不这样，悲哀是何时终了的呢？我决心走我的路了。所以对于过去的悲哀，只当着是他人的历史，没有什么迫切的感受了。有时忆起些烦闷的经过，随即努力将他们勉强忘去了。我很信换一个制度，青年们在现社会享受的悲哀是会免去的——虽然不能完全，所以我要我的意念和努力完全贯注在我要做的"改造"上去了。我不知你为何而起了悲哀，我们的交情还不至允许我来追问你这样，但我可断定你是现在世界桎梏下的呻吟啊！谁是要我们青年走他们烦闷之路的？——虚伪的社会吧！虚伪成了使我们悲哀的原因了，我们挨受的是他结下的苦果！我们忍着让着这样，唉声叹（气）了去一生吗？还是积极的起来，粉碎这些桎梏呢？都是悲哀者，因悲哀而失望，便走了消极不抗拒的路了；被悲哀而激起，来担当破灭悲哀原因的事业，就成了奋斗的人了。——千里程途，就分判在这一点！评梅，你还是受制〔於〕运命之神吗？还是诉诸你自己的"力"呢？

愿你自信：你是很有力的，一切的不满意将由你自己的力量破碎了！过渡的我们，很容易彷徨了，像失业者踯躅在道旁的无所归依了。但我们只是往前抢着走吧！我们抢上前去迎未来的文化吧！

好了，祝你抢前去迎未来的文化吧！

君宇，静庐[2]

一六，四，一九二一

|注 释：　〔1〕 石评梅（1902—1928），山西省平定县人。学名汝璧。1923 年毕业于北京女子高等师范学校，任师大附中女子部主任。1921 年年初，与高君宇相识后，经常书信往来，后二人相爱，感情甚笃。1928 年 9 月病故，葬于北京陶然亭高君宇墓旁。

〔2〕 静庐：高君宇住所。

|题 解：　此信据中国国家博物馆馆藏复制件刊印。

作者以改造世界的志向和积极奋斗的人生观勉励女友和青年们。

廖仲恺

　　廖仲恺（1877—1925），广东归善（今惠阳）人。出生于美国旧金山。1902 年留学日本，1903 年参加孙中山领导的革命运动。1905 年加入同盟会，任总部外务部干事。是年被选为中国留日学生会会长。1911 年武昌首义后，任广东省军政府总参议兼理财政，旋被委为南北议和南方代表。宋教仁遭刺后，投身讨袁斗争。后亡命日本。1914 年任中华革命党财政部副部长。1921 年任广东军政府财政部长。次年参加孙文越飞会谈，竭诚协助孙中山确立联俄、联共、扶助农工的三大政策。1923 年任国民党临时中央执行委员，筹划改组国民党。1924 年国民党改组后，被选为中央执行委员会常务委员、政治委员会委员。历任国民党中央工人部长、农民部长、黄埔军校党代表、广东省省长、国民政府财政部长、大元帅大本营秘书长等职。孙中山逝世后，忠实执行孙中山制定的联俄、联共、扶助农工的三大政策。1925 年 8 月 20 日被国民党右派暗杀，时年 48 岁。

壬戌六月^[1]禁锢中闻变有感

珠江日夕起风雷，已倒狂澜孰挽回？
澂羽^[2]不调弦亦怨，死生能一我何哀？
鼠肝虫臂^[3]唯天命，马勃牛溲^[4]称异才；
物论未应衡大小^[5]，栋梁终为蠹蟓^[6]摧！

妖雾弥漫溷太清，将军^[7]一去树飘零。
隐忧已肇初开府^[8]，内热如焚夕饮冰。
犀首从雠师不武^[9]，要离^[10]埋骨草空青。
老成凋谢余灰烬^[11]，愁说天南有陨星。

咏到潜龙^[12]字字凄，那堪重赋井中泥；
当年祈福将刍狗^[13]，今日伤心树蒺藜。
空有楚囚尊上座，更无清梦度深闺；
华庭鹤唳^[14]成追忆，隔岸云山望欲迷。

朝朝面壁^[15]学维摩^[16]，参到禅机返泰初；
腐臭神奇^[17]随幻觉，是非恩怨逐情多。
心尘已净何须麈^[18]，世鉴无明枉事磨；
莫向空中觅常相^[19]，浮云苍狗一时还。

注 释：
〔1〕壬戌六月：1922 年 6 月。陈炯明诱捕廖仲恺，并囚禁于广州北郊石井兵工厂。
〔2〕徵羽：中国古代五音中的两个音阶。五音：宫、商、角、徵、羽，大致相当于现代音乐简谱上的 1（do）2（re）3（mi）5（sol）6（la），从宫到羽，按照音的高低排列起来，形成一个五声音阶。
〔3〕鼠肝虫臂：比喻为微小之物。

〔4〕 马勃牛溲：马勃：植物名，属担子菌类。牛溲：牛尿。马勃牛溲意为败鼓之皮，均可入药。

〔5〕 此句意为论物不应以大小来衡量。

〔6〕 蠹蝝：蝗子也，意为蛀虫。

〔7〕 将军：《后汉书·冯异传》："每所止舍，诸将并坐论功，异常独屏树下，军中号曰大树将军。"这里只借用字面，不用故事。将军指邓铿。邓铿，字仲元，广东惠阳人。曾任广东都督府陆军司司长，继改任参谋长。协助孙中山策定北伐计划，遭陈炯明嫉恨，1922 年被陈炯明派人刺死。后被孙中山追赠陆军上将。

〔8〕 1921 年年初，孙中山在广州建立正式政府，选举总统时即遭陈炯明反对，他声称："我不愿任何人骑在我的头上。"

〔9〕 犀首：即公孙衍，战国时魏阴晋人。初在秦为大良造。后入魏为将，主张合纵抗秦。魏惠王后元十二年（公元前 323 年）发起燕、赵、中山、韩、魏"五国相王"。后四年为魏相。此处指谁意不祥。讐通仇。

〔10〕 要离：春秋末年吴国人。相传他由伍子胥推荐给吴王，谋刺在卫的公子庆忌。他请吴王断其右手，杀其妻子，假装得罪出走。及到卫国，又假意向庆忌献破吴之策，谋求亲近庆忌。当同舟渡江时，庆忌被他刺死。他亦自杀。此处指朱执信。

〔11〕 此处指陈炯明叛乱中病死而火葬的广东省长伍廷芳。伍廷芳：广东新会人，字文爵，号秩庸，生于新加坡。香港圣保罗书院毕业。曾出任清政府驻美国、西班牙、秘鲁等国公使。1911 年武昌起义后，以南方民军全权代表参加南北议和。南京临时政府成立后，首任司法总长。1916 年任段祺瑞内阁外交总长，次年代国务总理。旋南下参加孙中山建立的护法军政府，任外交部长。1922 年 4 月兼任广东省长，支持孙中山反击陈炯明叛乱活动，同年在广州病逝。

〔12〕 潜龙：《易·乾·文言》："初九，曰：'潜龙勿用'。何谓也？子曰：'龙德而隐者也，不易乎世，不成乎名，遁世无闷，不见是而无闷，乐则行之，忧则违之，确乎其不可拔，潜龙也'。"常用来比喻大德而未为世用的人。

〔13〕 刍狗：草和狗，《老子》："天地不仁，以万物为刍狗；圣人不仁，以百姓为刍狗。"河上公注："天地生万物，人为最贵，天地视之，如刍草狗畜；圣人视百姓，如刍草狗畜。"一说古代祭祀所用茅草扎成的狗，祭后则弃去。《庄子·天运》："夫刍狗之未陈也，盛以箧衍，巾以文绣，尸祝齐戒以将之；及其已陈也，行者践其首脊，苏者取而爨之而已。"陆德明释文："刍狗，李云，结草为狗。"两者释意不同，皆喻轻贱无用的东西。

〔14〕 华庭鹤唳：华庭即华亭，今上海市所属松江县西平原村，陆机的故宅在这里。唳：鹤唳也。《晋书·陆机传》："华亭鹤唳，岂可复闻乎。"

庾信《哀江南赋》中有："华亭鹤唳，岂河桥之可闻。"此处意为对国家的忧虑与怀念。

〔15〕 面壁：佛教用语，面对墙默坐静修。《五灯会元》卷一"东土祖师"："〔初祖菩提达磨大师〕寓止于嵩山少林寺，面壁而坐，终日默默，人莫之测，谓之壁观婆罗门。"

〔16〕 维摩：维摩即维摩诘，佛在世时之大居士。面壁者为达摩，亦称达磨，高僧名。禅宗东土之初祖，相传为南天竺人，梁大通元年自印度泛海至广州，止嵩山少林寺，终日面壁，凡九年，后付《楞伽经》四卷于慧可，慧可承受了他的心法，于是禅宗得以流传。此诗中以维摩作达摩，当是受平仄声所限，维为平音、达为仄音。

〔17〕 腐臭神奇：此处意为化腐臭为神奇。

〔18〕 麈：即麈尾，拂尘。

〔19〕 常相：相意为法相，穷究万法之性相。

| 题 解：　　此诗据台湾 1975 年出版的《先烈先进图像文物集珍》中的手迹影印件刊印。

1922 年 6 月 22 日，陈炯明（广东海丰人，曾是孙中山的主要军事助手。1922 年 6 月勾结直系军阀，背叛孙中山，1925 年所余残部被广东革命军消灭。1933 年病死香港）在广州炮轰孙中山所在的观音山总统府，发动反革命武装叛乱。事变的前两天，廖仲恺为陈炯明所诱捕。这是作者在囚禁期间所写若干首诗中的一首。作者在有限的篇幅中，浓缩了宽广的题材，充分表达了他在囚禁期间，对国家民族前途的无比忧虑和对世界、人生的洞察，也体现了锲而不舍，愈挫愈奋的革命精神。

刘尧宸

刘尧宸（1895—1925），福建福清人。曾入福州培元书院、清河第一预备军官学校、保定陆军军官学校学习，并加入同盟会。1922年任孙中山北伐军卫队团参谋长。1924年任黄埔军校教官。1925年任黄埔学生军教导第二团第二营营长，后以参加平定刘（震寰）、杨（希闵）叛乱有功而升任第四团团长。同年10月在第二次东征讨伐军阀陈炯明残部攻打惠州的战斗中壮烈牺牲，时年30岁。

遗　言

　　我为被压迫民族请命，扫除反革命军阀，军人应该战死，革命军人更应该为三民主义战死！惠城卜，广东统一，从兹〔此〕大局发展，我死无憾！

｜题　解：　　此遗言据1925年12月25日出版的黄埔军校革命军人联合会编《革命军》第九期《刘尧宸传略介绍》刊即。

　　在攻打惠州的战斗中，刘尧宸率敢死队冲锋登城，与敌人进行肉搏时，不幸被城上机关枪射中，伤势极重，留下上述遗言后牺牲，表现了他崇高的革命精神。

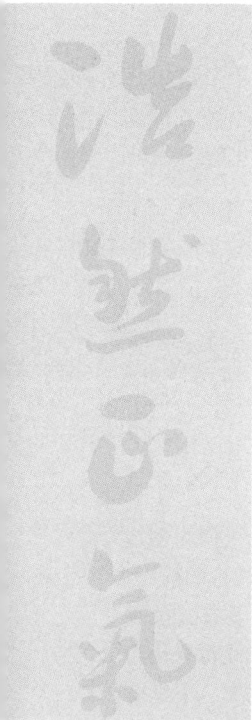

李大钊

　　李大钊（1889—1927），河北乐亭人。字守常。中国共产党的主要创始人。早年留学日本，1916 年回国后先后任《晨钟报》《甲寅》日刊编辑，投入反封建主义的新文化运动。1918 年被聘为北京大学图书馆主任，参与编辑《新青年》。十月革命后接受马克思主义，发表《法俄革命之比较》《庶民的胜利》等文章。后与陈独秀一起创办《每周评论》，积极传播马克思主义，是五四运动的旗手。1920 年在北京发起建立共产党组织。中国共产党成立后，负责中共北方区委的工作，领导了北方地区的工人运动和革命斗争。在中共第二、三、四次代表大会上当选为中央委员。1922 年受中共委托与孙中山会谈，为实现国共合作作出了重大贡献。1924 年 6 月参加共产国际第五次代表大会。1927 年 4 月 6 日在北京被军阀张作霖逮捕，4 月 28 日英勇就义，时年 38 岁。

赠杨子惠

铁肩担道义

妙手著文章

守常李大钊

| 题 解：

此对联据影印件刊印。

1916 年李大钊在他担任《晨钟报》主编期间，为激励人们为创造新中华而奋斗，特意请人设计了一古钟图案，排印在每天社论的前面，在古钟上面每天刊登一条警语。这副对联就作为警语刊登在《晨钟报》第六号上。后来李大钊书赠这副对联给亲戚杨子惠。此对联录自明朝杨继盛（曾任兵部武选员外郎，因劾大奸臣严嵩十大罪，下狱受酷刑遇害）的诗句："铁肩担道义，辣手著文章"，只是将"辣"字改成"妙"字。此联也是李大钊一生为人、作文的座右铭。他以救国救民为己任，用手中的笔，写了大量的文章，宣传马克思主义和无产阶级革命的理论，促进了马克思主义在中国的传播。

新纪元（节录）

人生最有趣味的事情，就是送旧迎新，因为人类最高的欲求，是在时时创造新生活。

今日是一九一九年的新纪元，现在的时代又是人类生活中的新纪元，所以我们要欢欣庆祝。

……人类的生活，必须时时刻刻拿最大的努力，向最高的理想扩张传衍，流转无穷，把那陈旧的组织、腐滞的机能一一扫荡摧清，别开一种新局面。这样进行的发轫，才能配新纪元。这样的新纪元，才有祝贺的价值。一个人的一生，包含无数的新纪元，才算能完成他的崇高的生活。人类全体的历史，联结无数的新纪元，才算能贯达这人类伟大使命。

……这个新纪元是世界革命的新纪元，是人类觉醒的新纪元。我们在黑暗的中国，死寂的北京，也仿佛分得那曙光的一线，好比在沉沉深夜中得一个小小的明星，照见新人生的道路。我们应该趁着这一线光明，努力前去为人类活动，作出一点有益人类工作。

| 题 解： | 此文写于1919年元旦。载于1919年1月5日《每周评论》第3号。
1917年俄国爆发的十月革命，开创了世界无产阶级革命的新纪元、人类觉醒的新纪元。它影响着世界，也为黑暗的中国传来了新的曙光。作者在文章中表达了对十月革命的向往，并鼓励人们为这一新道路而努力奋斗。他自己更是一名先锋战士，成为马克思主义在中国的最早传播者。

自述（节录）

钊自束发受书[1]，即矢志[2]努力于民族解放之事业，实践其所信[3]，励行其所知[4]，为功为罪[5]，所不暇计[6]。今既被逮，惟有直言。倘因此而重获罪戾[7]，则钊实当负其全责。惟望当局对于此等爱国青年宽大处理，不事株连，则钊感且不尽矣！

……

李大钊

注　释：

〔1〕束发受书：束发，即到上学的年龄。受书：念书、读书。
〔2〕矢志：誓言、下决心。
〔3〕信：信仰。
〔4〕励行其所知：雷厉风行地、坚决地实行自己所知道的信仰。
〔5〕为功为罪：所做的事情是功还是罪过。
〔6〕所不暇计：我没有时间去考虑、不愿去考虑。
〔7〕倘因此而重获罪戾：如因做了这些事而判重罪。

题　解：

这段文字据中国国家博物馆馆藏《自述》第三稿原件刊印。

1927年4月，正当北伐战争节节取得胜利的时候，军阀张作霖为扑灭共产党和国民党左派在北方的革命势力，并寻求帝国主义的支持，于4月6日搜查苏联大使馆，逮捕了在这里避难的李大钊等共产党人和国民党左派人士。李大钊在狱中坚贞不屈，他写的《自述》回顾了自己光辉的一生，表达了对革命的坚定信念和"矢志努力于民族解放之事业"的伟大抱负，表现了崇高气节和大无畏精神，最后壮烈牺牲在敌人的绞刑架下。《自述》共有三稿，其精神完全一致，初稿较为简略，三稿比二稿只作了某些文字修改。

《自述》手稿

蒋
先
云

　　蒋先云（1902—1927），湖南新田人。1921 年加入中国共产党。1922 年先后在安源路矿、水口山矿区从事工人运动。1924 年入黄埔军校第一期学习。毕业后任军校政治部秘书，发起组织中国青年军人联合会。1925 年 10 月在第二次东征中任东征军第七团党代表，在攻打惠州城时组织敢死队与敌人展开肉搏战，多处负伤。"中山舰事件"后，蒋介石许以高官厚禄，要他脱离中国共产党，他斩钉截铁地回答："头可断，而共产党籍不可牺牲。"北伐战争时，历任国民革命军总司令部秘书、湖北省总工会工人纠察总队队长。1927 年 4 月二次北伐时任国民革命军第十一军第二十六师第七十七团党代表兼团长。5 月 28 日在河南临颍与奉军作战时牺牲，时年25 岁。

给本团官佐的公开信

亲爱的革命的官长同志们：

相处将及一月了，在这短时期中，虽然没有经过十分严重的枪林弹雨的战况，而风餐露宿的辛苦，总算是尝试过了。我很能从你们的辛苦中深认和钦佩你们的精神，然我对于革命同志的素习，是历来不愿意互相标榜我们的强处，只是严格地批评其弱点。因为革命者只有自己从精神上去努力，从工作成绩上去自慰，用不着空受他人所谓的嘉奖。只有严格的批评，方可弥补自己的弱点，训练和增进我们实际做事的能力。因此我对于本团亲爱而革命的同志，只能沿其旧习，不客气的要求及评责，我相信本团官长同志最少也能知道我是革命的。我希望进一步认识我的革命性，尤希望各同志时时接受我在革命观点上的评责。

尽管自称革命是不够的，革命者是必要从工作上去表示他的努力，尤其是困苦艰难之中，枪林弹雨之下，更要能表示他坚忍牺牲的精神。否则决不是一个真实的革命者。本团是脱胎于旧军队，我未始不知道诸同志的困苦艰难，可是我同时相信诸同志是忠勇于革命的青年，青年的革命者，只可缺少做事的经验，绝不应当缺少做事的精神，我们要以勇敢的坚忍的能牺牲的精神，去训练我们做事的能力，增进我们做事的经验。人们不是生来即是能做事的，生来即不怕死的，任他什么事体，最初必免不了许多的困难，令人难干，令人胆怯，但是有了大无畏的精神，决没有打不破的困难和坚（限）险。做事是学会的，孩子是吓大的，诸同志在最近的工作中，是不是有了这种感觉？

自信是勇敢的最能牺牲的还不够，必要具有临事不惧而沉着的修养。天下没有大不了的事，经过多了自可习以为常。遇事先要沉着。能沉着才能确实去观察，观察确实才能有确实的判断，判断正确才能有坚决的决心，决心坚决则胆自壮，气自豪，什么也不怕。要知道部属是以上官为依靠的，上官心怯，部属则不战心寒，治军首重胆大心细，但必先胆大，而后能心细，胆怯没有不心慌的，心慌则什么也谈不上，只忙于生命一件，这才真所谓天下无事，庸人自扰！

亲爱的革命的官长同志们！我们是知道革命理论的，我们是受过革命的训练的，我们不努力，不奋斗，不牺牲，不沉着，部下没有训练的士兵，又将怎样？善于带兵，决不专靠军纪来管束士兵，决不专靠几元饷洋来縻系士兵，更不能专以空头话来鼓舞士兵，必要以革命的精神去影响士兵。平时官长能努力，士兵没有不服从的；战时官长靠身先士卒，士兵决没有怕死的。我前已说过，只要"舍得干"，天下没有干不了的事！

革命者必先能顾虑国家的前途，而后及于自己。我们要自信为革命者，能容得我们怕困苦怕危险吗？本团第十连连长董振南、参谋邓敦厚（前第四连连长）畏死潜逃，此类假革命者，当不足以言国家，然其于自身前途何？他们即幸而有命，还能再做人吗？虽生犹死，何以生为！

亲爱的革命的官长同志们，"岁寒，然后知松柏之后凋也。"[1] 天下无难事，只要舍得干，望诸同志振作起来！共相奋勉！

团长蒋先云
五月七日

注 释： 〔1〕见《论语·子罕第九篇》。其意是：在严寒的冬天，许多树木都冻死了，只有松柏经受住严寒，仅受一点小伤。作者在这里以此比喻只有在艰难困苦的条件下，才能考验出谁是真正的革命者。

题 解： 此信是蒋先云于 1927 年 5 月 7 日写给国民革命军第十一军第二十六师第七十七团军官的公开信。载于 1927 年 6 月 4 日汉口《民国日报》。

作者在写这封信时是在河南临颍与奉系军阀作战的前线。他要求该团官长应先顾虑国家，后顾及个人，应具有一个真正革命者的大无畏牺牲精神，在枪林弹雨中，身先士卒，带领士兵冲锋陷阵。他本人正是这样去做的，在与敌人激战中三仆三起，英勇牺牲。

黄竞西（1896—1927），江苏江都人，中共党员。曾任中共丹阳支部书记。国共合作后被选为国民党江苏省党部执行委员。1927年四一二政变后，在上海从事秘密工作，不幸于 6 月 26 日被捕，7 月 7 日牺牲，时年 31 岁。

黄竞西

狱中遗书（节录）

楚云爱妻：

……去年[1] 孙传芳[2] 时在法界[3] 被捕，我已料不能再生，那知还可使我多活一年。在党方面说，多做一年工作，在我们夫妻方面说，多一年的爱情！想到这里，你也可自慰一下。惟今昔情形不同，我终觉得死于今比死于昔使人们可觉悟中国是需要继续革命的，我之死也无余恨。惟我们不能偕老，夫妻能偕老的有几呢？一年、一月、数日的都有，我们已有了十年，也不算少了，宝儿也四岁了。你万勿以我而悲伤。你的体弱，千万要保重，扶养小儿长大读书，能继我志而努力才好。……楚妹！我心爱的情人，不能再和（会）你一面了，会时难过又不如不会了。死是一快乐事，尤其是为革命的。我在未死前，毫不畏惧，你们不要痛心。死者已矣[4]，惟望生者努力，束之仇将来欲报。……你不要穿白衣，带这样重孝，只要臂章黑纱志哀可也，尤不要迷信，请和尚，买纸箔，空费金钱于无益。我不能再几天一信一片的常通音信了。我虽死，我精神终萦绕于你的左右，只当未死好了。千万不要哭，你弄坏身体小儿无人照应，我反不放心。我相信你一定可以依照我的遗言，一若我活在家中一样，那末我在地下也可瞑目了。最后祝你健康。

你的爱弟　竞西在上海

六·二九

注 释：　〔1〕　去年：指 1926 年。

〔2〕　孙传芳（1885—1935），北洋直系军阀，山东历城人。历任北洋陆军师长、督理、闽浙巡阅使等职。1925 年自称闽、苏、皖、赣、浙五省联军司令，成为直系后期最大的军阀。1926 年两次派兵镇压上海工人武装起义，同年冬，其主力在江西战场被北伐军打败后投奔奉系军阀张作霖。1927 年 8 月率部渡江反扑，被国民党军队击垮，遂寓居天津租界。1935 年遭刺身亡。

〔3〕　法界：指上海法租界。

〔4〕　已矣：已作止释，矣为语尾助词。

题 解：　　　此遗书据中央档案馆编辑、中共中央党校 1983 年 4 月出版的《革命烈士传记资料》节录刊印。

　　这是黄竞西 1927 年在狱中写给其妻吕楚云的遗书。作者以深沉的笔墨，表达了对革命理想的执著追求和为革命而死，虽死犹生的人生态度，同时以饱含感情的语言表达了对爱妻的挚爱和眷恋。

王器民

　　王器民（1892—1927），广东琼海（今海南琼海）人。中国共产党党员。早年投身于五四爱国运动。1920 年与徐成章创办《琼崖旬报》，并任编辑。1923 年受中共广东省委派遣前往马来亚、新加坡宣传革命。1925 年回国后担任国民革命军第四军第十三师政治部主任，曾先后参与省港大罢工，平定陈炯明叛乱，刘（震寰）、杨（希闵）叛乱，以及肃清广东南路军阀邓本殷等战役。1927 年 7 月，被国民党反动派杀害于广东江门，时年 35 岁。

狱中给妻子的遗书

我最念的爱妻慧根：

你夫阿器遗言，六月廿八日。

"为求主义实现而奋斗，为谋民众利益而牺牲。"自我立志革命，参加实际工作以来，这二句以（已）成誓词。这回谋害我者不料出于三十九团周曾辈，虽然未免有遗憾！但是革命分子既抱定以上二句誓词，即牺牲又有甚么紧要。况且佛家有说过"自己无入地狱，叫谁入地狱"。革命分子如无肯牺牲，革命是没有成功的日子。我是为大多数人谋利益而牺牲，我的革命目的达到了。惟是对你很是不住，因为数年与你艰艰苦苦，我用全副精神为革命而努力，没有和你享过一日的安闲快乐的日子，我们夫妻可谓因国而忘家，为公而忘私啊！你虽然体谅我，而我终是觉得对不住呢（你）。

亲爱的慧根！我和你做夫妻是生生世世的，在精神，不在形体。我苟[1]牺牲了后，你应紧记着我的遗嘱，那我就瞑目了：（一）不要悲伤损害你的身体，打起精神来继续我的遗志！（二）打破旧礼教，用锐利眼光，细心考察，找有良心，富于革命性的男性，和你共同生活，就是我的好朋友也是不妨，但是总要靠得住，能继续我的遗志，就好了。（三）觉权[2]设法教育他，引导他继续我的革命事业，勿致他堕落，跑反革命那条路上去，这是你要负责任的啊！（四）所有的书籍以及各相片要保存着，给与（予）觉权，做革命遗教。（五）我狱中抄二本简，一是"冤墨"一是"磨筋录"[3]，我的（经）过的事略及入狱的原委均书明。慧根呀！我不忍说了，继我志呵！继我志呵！

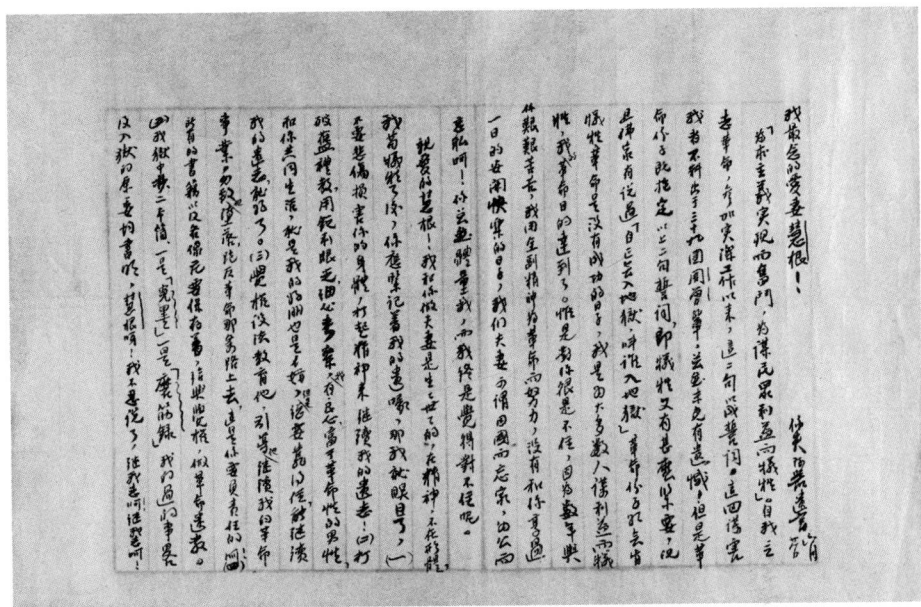

《狱中给妻子的遗书》手迹

注 释：

〔1〕 苟：如果。

〔2〕 觉权：即王觉权，王器民之子。

〔3〕 磨筋录：王器民自编文录之一。

题 解：

此遗书是 1927 年王器民在狱中写给其妻高慧根的。现据中国国家博物馆所藏手稿原件刊印。

遗书体现了王器民烈士视死如归、慷慨赴义的革命精神和为主义而奋斗、为谋民众利益而牺牲的崇高品质。

马骏

马骏（1895—1928），吉林宁安（今属黑龙江省）人，回族。五四运动时是天津学联主要领导人之一，与周恩来等人组织觉悟社。1920年加入中国社会主义青年团。次年加入中国共产党，被派到东北从事党的地下工作，在宁安县建立了东北地区第一个党小组，是东北中共党组织的创始人之一。1925年入莫斯科中山大学学习。大革命失败后秘密回国，任中共北京市委书记兼组织部长。1927年12月在北京被捕，1928年2月15日被军阀张作霖杀害，时年33岁。

宣 誓 书

宣誓书:（一）誓保国土;（二）誓挽国权;（三）誓雪国耻;（四）誓除国贼;（五）誓共安危;（六）誓同终始。

皇天后土　实共鉴诸

中华民国八年六月五日

天津学生联合会谨誓

｜题　解：　　此宣誓书据影印件刊印。

五四运动的消息传到天津，天津学生举行示威游行。5月7日，15所中等以上的学校成立了天津学生联合会，马骏当选为副会长兼执行部长。6月5日，天津学生联合会在南开学校广场召开数千人爱国运动大会，马骏在会上带领大家高声宣读他亲笔写的《宣誓书》。会后举行了示威请愿。从宣誓书里可以看出，青年时的马骏就具有崇高的爱国主义精神和责任担当。

钟志申

钟志申（1893—1928），湖南湘潭韶山冲人。幼年和毛泽东是私塾同学。1925 年参加毛泽东在韶山领导的农民运动，并加入中国共产党，是韶山最早的党员之一。曾任中共韶山总支部委员、分支部书记、中共湘潭第一区委员会负责人和第一区农协负责人、湘潭县农协委员等职。1927 年 1 月陪同毛泽东考察了几个乡的农民运动。"马日事变"后，在长沙从事党的地下交通联络。1928 年年初因叛徒出卖被捕。3 月 12 日牺牲，时年 35 岁。

给哥哥的遗书

志炎、志刚 [1] 二兄：

我的案子突然变得严重，可能无出狱希望，这并不可怕。当我入党之时，就抱定视死如归的意志。我认定，共产党一定会胜利，革命一定会成功。我牺牲生命，把一切贡献于革命，是为了寻找自由，为了全国人民求得解放。我知道我的牺牲不会白牺牲，我的血不会白流。因为血债须用血来还。党会给我报仇，你们会给我报仇。要记住：共产党是杀不绝的啊！

你们接到这封信时，可能我已不在人世了。我死不足惜，但继母在堂，子女年幼，周氏 [2] 不聪，全赖你们维持抚育，安慰他们不要悲痛。桃三 [3] 成人，可继我志，我无念。

民国十七年 [4] 三月十日

志申笔

注　释：　[1] 志炎、志刚：钟志申的大哥、二哥。
[2] 周氏：钟志申的妻子。
[3] 桃三：钟志申的儿子。
[4] 民国十七年：即 1928 年。

题　解：　此遗书据影印件刊印。

钟志申牺牲后，他的家属从他的内衣中发现了这份遗书，上面浸满了鲜血。家属将它藏在屋檐下的墙缝里保存下来。信中表现了革命者大无畏的牺牲精神和对共产主义必胜的坚定信念。

郭亮

郭亮（1901—1928），湖南长沙人。湖南早期工人运动领袖。1920 年加入社会主义青年团。1921 年加入中国共产党。先后任湖南省工团联合会副总干事、总干事，中共湘区委员会委员兼工农部部长，国民党湖南省党部委员，全国总工会执行委员，湖南省总工会委员长。1927 年 5 月在中共五大上当选为中央委员。参加过南昌起义。后任中共湖北省委书记。1928 年 1 月任中共湘鄂赣边特委书记。同年 3 月 27 日因叛徒出卖被捕，沿途高呼"中国共产党万岁！""工农兵联合起来，打倒国民党军阀，建设苏维埃！"等口号。29 日在长沙被害，时年 27 岁。

给妻子的遗书

灿英[1]吾爱：

亮东奔西走，无家无国。我事毕矣。望善抚吾儿，以继余志！此嘱。

郭　亮

注　释： 〔1〕灿英：即李灿英，郭亮的妻子，新中国成立后任湖南省衡阳市妇联主任，1954年逝世。

题　解： 此遗书写于1928年3月。现据中国国家博物馆馆藏复印件刊印。

遗书寥寥数语，却融入了作者对妻儿的深爱，表达了自己献身革命事业、不顾个人与家庭的无怨无悔。其博大的胸怀和坚定的革命信念感人至深。

夏明翰

夏明翰（1900—1928），湖南衡阳人。五四运动时是湖南学联的主要领导人。1921年入湖南自修大学学习，不久加入中国共产党。1922年参加领导长沙人力车工人罢工。1924年开始，先后任中共湖南区委委员、中共长沙地委书记等职。1927年3月在武汉任全国农协秘书长兼中央农民运动讲习所秘书。同年6月任中共湖南省委委员兼组织部长，11月兼任平（江）浏（阳）特委书记。1928年初在中共湖北省委工作，因叛徒出卖在汉口被捕，3月20日牺牲，时年28岁。

就 义 诗

砍头不要紧，只要主义真。
杀了夏明翰，还有后来人。

夏明翰

题 解： 此就义诗据 1960 年 4 月 16 日谢觉哉书写在烈士照片上的手迹刊印。并题有字句："明翰同志就义时写的诗，睹此遗像犹如见其英风凛凛也。"

夏明翰在牺牲前，执刑官问他有什么遗言，他大声说："有，给我纸笔来！"昂然挥笔写下这首诗，表现了共产党人气壮山河、正气凛然的革命气概。

向警予

向警予（1895—1928），女，湖南溆浦人。中国共产党早期妇女运动领导人。1919年年底赴法国勤工俭学，1921年年底回国。1922年加入中国共产党。曾参加中共第二、三次全国代表大会，为中共第二届候补中央委员、中共中央妇女部长。国共合作后，在国民党上海执行部工作。参加领导国民会议运动和上海丝厂女工、烟厂工人罢工斗争。大革命时期，任中共中央妇女运动委员会书记，主编《妇女周刊》。1925年赴莫斯科中山大学学习。1927年回国，在武汉总工会、中共汉口市委宣传部和湖北省委工作。1928年3月20日在汉口被捕，4月30日牺牲，时年33岁。

给功侄的信

功侄[1]:

我来法年余,接得你两封信,第二次信文字思想迥异于前,几疑不是你写的。这样长足的进步,真是"一日万里",不禁狂喜!

科学是进步轨道上唯一最要的工具,应当特别注意。你现在初级师范,程度与中学相当。所习的是普通科学(即基本科学),应当门门有点常识。你于英、算、文、理能加以特别研究固好,但不要把别的抛弃了。

你不愿做管理家业的政治家,愿发奋做一改造社会之人,有思想有识力,真是我的侄侄!现在正是掀天揭地社会大革命的时代,正需要一般有志青年实际从事。世界潮流、社会问题,都可于报章杂志中求之。有志改造社会的人,不可不注意浏览。毛泽东、陶毅[2]这一流先生们,是我的同志,是改造社会的健将。我望你常在他们跟前请教!环境于人的影响极大。亲师取友,问道求学,是创造环境改造自己的最好方法。你们于潜心独研外,更要注意这一点。万不要一事不管,一毫不动,专门只关门读死书。

熊先生[3]与我同在蒙台[4]女学,人甚好。范先生[5]住距已不远之可伦坡[6],间与我通信,亦好。

你要的明信片,有钱即买寄。以后如能将你的一切状况时常告我,我最欢喜!近拟与熊先生们组织一通信社,以通全国女界之声气。此事如成,你们于立身修学亦可得一圭臬[7]矣。

九姑[8]

四月二十九日早后

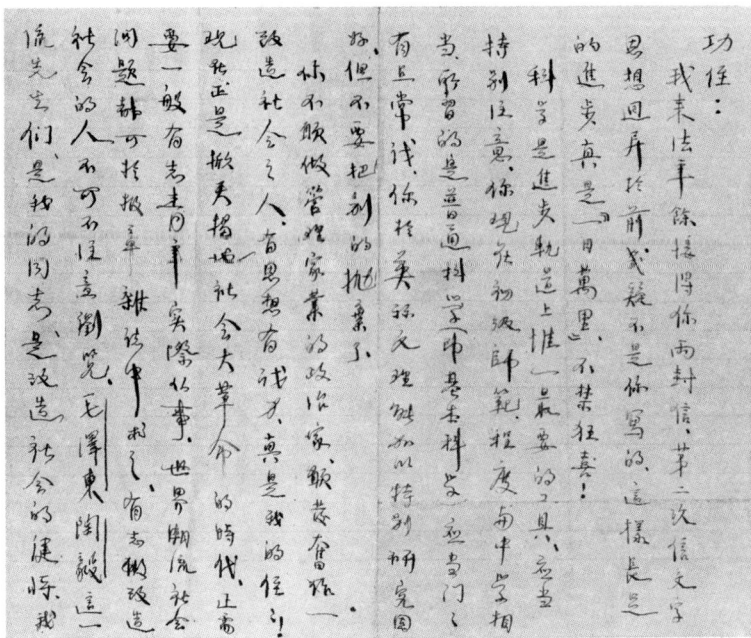

《给功侄的信》手迹

| 注 释： | 〔1〕功侄：即向功治，向警予的侄女。
〔2〕陶毅：即陶斯咏（女），新民学会会员。
〔3〕熊先生：即熊叔彬（女），毕业于湖南周南女校师范科。
〔4〕蒙台：即蒙达尼（Montargis），又译蒙塔尔纪，法国地名。
〔5〕范先生：指范新顺（女）、范新琼（女）两姐妹，毕业于湖南女子师范学校。
〔6〕可伦坡：即卡莱纳·戈隆勃（Garenne Colombes），巴黎西部郊区小镇。
〔7〕圭臬：比喻准则。
〔8〕九姑：即向警予，向警予在家中排行第九。

注 释：

〔1〕功侄：即向功治，向警予的侄女。

〔2〕陶毅：即陶斯咏（女），新民学会会员。

〔3〕熊先生：即熊叔彬（女），毕业于湖南周南女校师范科。

〔4〕蒙台：即蒙达尼（Montargis），又译蒙塔尔纪，法国地名。

〔5〕范先生：指范新顺（女）、范新琼（女）两姐妹，毕业于湖南女子师范学校。

〔6〕可伦坡：即卡莱纳·戈隆勃（Garenne Colombes），巴黎西部郊区小镇。

〔7〕圭臬：比喻准则。

〔8〕九姑：即向警予，向警予在家中排行第九。

题 解：

此信据中国国家博物馆馆所藏原稿刊印。

1919 年年底，向警予与蔡和森、蔡畅等赴法勤工俭学。1921 年 9 月，参加进占里昂大学的斗争，同年 10 月被法国政府驱逐回国。此信写于 1921 年 4 月，当时向警予在法国蒙达尼勤工俭学。信中反映出她亲师取友、问道求学、博览群书、改造社会的学习观。

邓
贞
谦

邓贞谦（1907—1928），江西萍乡人。1927年参加中国共产党。1928年1月在萍乡上栗、车桥两地发动群众举行起义。后在永新、莲花一带发动群众斗争，同年4月回萍乡路过南坑时被捕。入狱后坚贞不屈。1928年6月8日在萍乡西门外英勇就义，时年21岁。

狱中绝笔

　　全世界被压迫阶级的人数在拾贰万万五千万，压迫阶级仅贰万万五千万，所以可以断言杀不（尽）头颅流不尽鲜血。从工作中去学习，从学习中去工作，这是列宁同志告诉我们的。帝国主义是资本发展到了一个最高时期，也是它们临终的一个时期。有了阶级就一定有斗争，所以阶级斗争是免不了一回事。反动派反对阶级斗争，我们就要问中国有不（没）有阶级？革命是没有先后老幼的，好比电车路一般上的上，下的下。对反革命派姑息就是对革命残忍！这是革命者要牢牢记着的。要革命就要很坚决的、很勇敢的、毫不犹豫的站在无产阶级方面去杀戮一切豪绅统治阶级。满腔的热血已经沸腾，作一最后的战争，旧世界打个落花流水，奴隶们起来！起来！莫要说我们一钱不值，我们要做天下的主人！

　　民国十七年[1]夏历四月十四入狱知命已落反动派之手故书此以作后日纪念

　　　　　　贞谦书

注　释：　〔1〕民国十七年：即 1928 年。

题　解：　此绝笔据中国国家博物馆馆藏手迹原件刊印，原文无标点，标点为编者所加。

　　绝笔书充分表现了邓贞谦烈士的生死观和共产党员视死如归的精神。

狱中遗墨

暴动不怕剧烈，牺牲要有价。

坚决执行土地革命，彻底肃清统治阶级。

｜题 解： 此遗墨据中国国家博物馆馆藏手迹原件刊印。

遗墨体现了邓贞谦虽身陷囹圄，却始终保持着共产党人坚定的革命意志和不屈信念。

郑复他

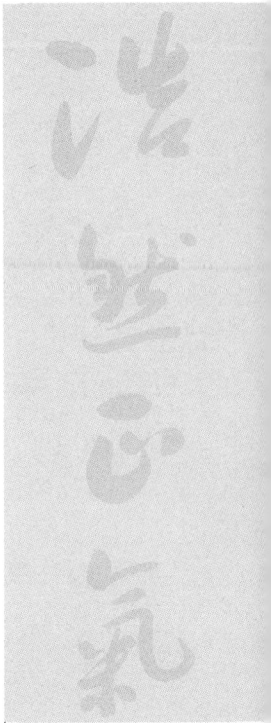

　　郑复他（1904—1928），浙江诸暨人。印刷工人出身，1924 年加入中国共产党。五卅运动中，为上海印刷工人的领导人之一。1926 年 6 月任中共上海（江浙）区委候补委员。同年 11 月任中共上海区委职工运动委员。1927 年 2 月，当选为中共上海区委委员。上海工人第三次武装起义胜利后，任上海市政总工会委员长。四一二反革命政变后，接任上海总工会委员长，并被选为赤色职工国际执行委员。1928 年 2 月在上海被捕。6 月 6 日被杀害，时年 24 岁。《上海工人》发表悼念文章："许白昊、陈乔年、郑复他三同志，是我们上海工人的领导者，是中国无产阶级阵线中的战士，他们有很光荣的革命历史，表现出很伟大的精神力量。"

狱中写给父亲的信

父亲大人膝下：

前奉一信，至今时隔三月，未通音问〔讯〕，深知悬念之至矣。儿前寄一信与毓秀[1]，想父亲已知之，儿自正月念六日[2]被捕，至今七十余日，在内尚无苦楚，身子亦好，惟寻笔墨困难，不能写信，至于儿被捕原因，毓秀想能知之，此后是否得能释放，目前尚未知悉，惟有听之天命[3]而已矣，望父弗以儿为念，善视小弟之长大成人可耳，儿本想得详情奉告，又感不便，在正月间已奉一函，想父亲亦能略知矣！在现在这种世界，人的生死，本来比鸡犬还不如，就算安居生存，也不过如牛马一般牢〔劳〕碌而已，生也何乐，死也何悲。如儿者真〔不幸，也〕不过如沧海之一粟耳。万一侥天之幸，得能释放，当详为父亲言之也。万望父亲弗过虑急，悲哀致伤尊体，反增儿罪也！专此敬请

尊安

儿谨叩

四月卅号于狱中

注　释：
〔1〕　毓秀：即陈毓秀，是郑复他的妻子。
〔2〕　念六日：是农历一月二十六日，即阳历 2 月 17 日。
〔3〕　郑复他被捕后，党组织进行了营救，因信中不能明言，故托辞"听之天命"。

题　解：　此信写于 1928 年，现据影印件刊印。

郑复他在信中控诉了国民党反动政府不顾人民的死活，使广大劳动人民过着牛马不如的生活，表达了他早已把自己生命置之度外，视死如归的革命牺牲精神。

陈觉

陈觉（1903—1928），湖南醴陵人。原名炳祥，号秉强，参加革命后改名陈觉。1923年加入中国共产党。1925年赴苏联学习，在苏联与同道学习的赵云霄结婚，1927年9月，两人一起回国，先后在东北、湖南醴陵等地做党的秘密工作。后到湖南省委机关工作。1928年9月省委机关遭到破坏，赵云霄被捕。这时，陈觉奉党的指示去湘西特委工作，在常德一带坚持秘密斗争。10月因叛徒告密，被捕入狱，并从常德转押长沙，与赵云霄同关在陆军监狱署。1928年10月14日在长沙英勇就义，时年25岁。

狱中给妻子的遗书

云霄我的爱妻：

这是我给你的最后的信了，我即日便要处死了，你已有身，不可因我死而过于悲伤。他日无论生男或生女，我的父母会来扶（抚）养他的。我的作品以及我的衣物，你可以选择一些给他留作纪念。

你也迟早不免于死，我已请求父亲把我俩合葬。以前我们都不相信有鬼，现在则唯愿有鬼。"在天愿为比翼鸟[1]，在地愿为并蒂莲[2]，夫妻恩爱永，世世缔良缘。"回忆我俩在苏联求学时，互相切磋，互相勉励，课余时闲琐谈事，共话桑麻[3]，假期中或滑冰或避暑，或旅行或游历，形影相随。及去年返国后，你路过家门而不入，与我一路南下，共同工作。你在事业上、学业上所给我的帮助，是比任何教师任何同志都要大的，尤其是前年我本已病入膏肓[4]，自度必为异国之鬼，而幸得你的殷勤看护，日夜不离，始得转危为安。那时若死，可说是轻于鸿毛，如今之死，则重于泰山了。

前日父亲来看我时还在设法营救我们，其诚是可感的，但我们宁愿玉碎却不愿瓦全。父母为我费了多少苦心才使我们成人，尤其我那慈爱的母亲，我当年是瞒了她出国的。我的妹妹时常写信告诉我，母亲天天为了惦念她的远在异国的爱儿而流泪，我现在也懊悔此次在家乡工作时竟不曾去见她老人家一面，到如今已是死生永别了。前日父亲来时我还活着，而他日来时只能看到他的爱儿的尸休了。我想起了我死后父母的悲伤，我也不觉流泪了。云！谁无父母，谁无儿女，谁无情人！我们正是为了救助全中国人民的父母和妻儿，所以牺牲了自己的一切。我们虽然是死了，但我们的遗志自有未死的同志来完成。"大丈夫不成功便成仁"，[5] 死又何憾！此祝

健康　并问

王同志好

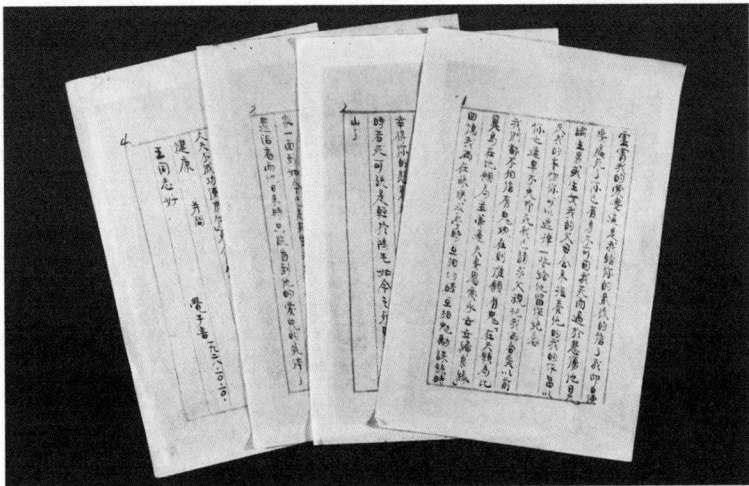

《狱中给妻子的遗书》手迹

注　释：

〔1〕比翼鸟：鸟名，即"鹣鹣"。传说此鸟一目一翼，不比不飞。常以比喻夫妇。白居易《长恨歌》："在天愿作比翼鸟，在地愿为连理枝。"

〔2〕并蒂莲：红白俱有，一干两花。古人用以比喻好夫妻。

〔3〕共话桑麻：桑麻一般指农事。这里泛指共同谈论家乡生活。

〔4〕病入膏肓：病到了无法医治的地步。古代医书上把心尖脂肪叫膏，心脏和隔膜之间叫肓，认为是药力达不到的地方。

〔5〕成仁：指杀身以成仁德，意思是说没有取得革命的成功，那就为革命而贡献自己的生命。

题　解：

此遗书据中国国家博物馆馆藏手迹原件刊印。原信无标点，标点为编者所加。

这是陈觉牺牲前 4 天写给妻子的绝笔。表现了他对爱情的坚贞不渝和宁为玉碎不为瓦全的革命情操。

钱崝泉（1895—1928），江苏江阴人。1925年加入中国共产党。同年夏，经中共北方区委和李大钊派遣，到冯玉祥的国民军中做政治工作。10月底，随军到甘肃，同张一悟、宣侠父组建中共甘肃特别支部，任支委。以督办公署政治处副处长身份广泛开展革命活动，发展党的组织。后离开兰州返回江苏，先后任中共临时江苏省委委员、江阴县委书记、江阴农民革命军总司令和苏（州）常（州）特委委员、军委书记。后因叛徒告密，于1928年10月18日被捕，11月25日英勇牺牲，时年33岁。

钱崝泉

狱中遗嘱

我已做了待死之囚，我别的话都不说，我的一遍〔篇〕遗嘱请你保存着，有同志出去，就请他带出去，给一份我家里，给一份负责人，请他待我行刑后，即交报馆披露，至感至感。

遗嘱全文

余以努力中国革命，历年奔走南北，无时或息，不治生产，不照家屋，母则双目失明，妻则中途离异，无子无女，断种绝嗣，今且并此孑然一身，亦将为革命而牺牲矣。革命到如此地步，亦可自问无愧，而荣幸为何如乎！凡我家属亲友，切勿以我死而悲哀，当偕我同呼革命口号也。

我死后，切勿棺葬，可火葬后投入大江，随滚滚东流而入大海，何等干净。现在中国社会之坟墓制度，以一袭臭皮囊，占据能生产之土地，实为万恶。望革命当局，将此制度随我同葬江海，亦革命事业之一也。

义贞[1]爱友，我死勿过悲，善保汝体，善事吾母，侍吾母归天后，汝方能大解脱。续父伯母，均有人侍奉毋庸过虑。

我家遗产，仅破屋两间，荒田十亩，我母在时，谁也不能变动。我母死后，伯父家遗产，可悉归金姊才妹主持，屋及西边烽堂后六分，可分给四姊外甥家，西田给保根抵债，邢家田二亩、西边田一亩三分，除母亲丧费外，可捐入公家作教育费，此嘱。

此纸义贞、四姊、金姊、五姊、才妹同执。中华民国十七年　月　日

钱崝泉临刑亲笔书

　〔1〕　义贞：即秦仪贞（1889—1966），钱崝泉女友，甘肃省第一位女共
　　　　　产党员。

题 解：　　此遗嘱据原件铅印件刊印。
　　　　作者在遗嘱中抒发了一个共产党人为革命而牺牲，死而无愧的壮
志豪情。他提出的改革墓葬制度，将遗体火化后投入江海的主张，表
现了唯物主义者彻底的革命精神。

苏兆征

苏兆征（1885—1929），广东香山淇澳岛（今属珠海市）人。中国共产党早期工人运动领袖。1925 年加入中国共产党，同年参加省港大罢工，任罢工委员会委员长。1927 年参加中共八七会议，被选为中央临时政治局常务委员。1928 年赴莫斯科出席赤色职工国际第四次代表大会和共产国际第六次代表大会，并当选为这两个组织的执行委员。在中共六大上被选为中央委员、中央政治局委员。1929 年 1 月回国，2 月 25 日在上海病逝，时年 44 岁。

逝世前的遗言

大家共同努力奋斗

大家同心合力起来

一致合作达到我们最后成功

夫人，小孩送莫可以

小孩子去莫与团体商量

梅：这是小超记的。这是兆征临死时政治局代表忠发同志去看他时说的。此时兆征同志的神志已极不清楚，且不能说多话了。就这几句话是说的极不连贯而且极模糊的。

兆征死于二月廿五日

下午六时廿分

恩来 25/2　29 晚

| 题 解： | 此遗书据中国国家博物馆馆藏记录稿原件刊印。

1929 年 2 月 25 日下午苏兆征病重住进医院，向忠发、周恩来、邓小平、李立三、邓颖超等赶去探望。苏兆征在生命垂危之际仍关心着党的事业。他强支病体，用十分微弱的声音断断续续地重复着说了这几句话。站在旁边的邓颖超立即把它记录下来，交给党中央。下面的一段注释是周恩来当天晚上亲笔写的。

赵云霄（1906—1929），河北阜平人。共产党员。1925 年进莫斯科中山大学学习。后与同在中山大学学习的陈觉结婚。1927 年 9 月回国，同陈觉一起先后在东北、湖南等地做党的秘密工作。1928 年 9 月，湖南省委遭受破坏，赵云霄不幸被捕。1929 年 3 月在长沙英勇就义，时年 23 岁。

赵云霄

狱中给女儿的遗书

启明[1] 我的小宝贝：

启明是我们在牢中生了你的时候为你起的名字，这个名字是很有意义的。因为有了你才四个月的时候，你的母亲便被湖南清乡督办署捕于陆军监狱署来了。当那时你的母亲本来（是）立时（处）死的罪，可是因为有了你的关系，被督办署检查了四五次，才检查出来是有了你！所以为你起了个名字叫启明（与你同样同生一个叫启蒙）。小宝宝：你是民国十八年正月初二日生的，但你的母亲在你才有一月有（又）十几天的时候便与你永别了。小宝宝，你是个不幸者，生来不知生父是什么样，更不知生母是何人！小宝贝！你的母亲不能扶（抚）养你了；不能不把你交与你的祖父母来养你。你不必恨我，而恨当时的环境！

小宝贝！我很明白的告诉你，你的父母是个共产党员，且到俄国读过书（所以才处我们的死刑）。你的父亲是死于民国十七年阳历十月十四日，即古历九月初四日。你的母亲是死于民国十八年阳历三月二十六日，即古历二月十六日。小宝贝！你的父母（亲），你是再不能看到，而（且）也没有相片给你，你的母亲所给你的记（纪）念只有相片和衣服及一金戒指，你可作一生的唯一的记（纪）念品！

小宝宝！我不能扶（抚）育你长大，希望你长大时好好的读书，且要知道你的父母是怎样死的。我的启明，我的宝宝！当我死的时候你还在牢中。你是个不幸者，你是个世界上的不幸（者）！更是无父母的可怜者。小明明！有你父亲在牢中给我的信及作品，你要好好的保存。小宝宝，你的母亲不能多说了。血泪而成。你的外祖母家在北方，河北省阜平县。你的母亲姓赵，你可记着。你的母亲是二十三岁上死的。小宝宝！望你好好长大成人，且好好读书，才不（辜）负你父母的期望。可怜的小宝贝，我的小宝宝！

你的母亲于长沙陆军监狱署泪涕

三月廿四号

| 注 释： 〔1〕 启明：由祖父母抚养到 4 岁时夭折。

| 题 解： 此遗书据中国国家博物馆馆藏手迹原件刊印。

赵云霄此遗书写于牺牲前两天。当时她的女儿启明刚出生一个多月。她把一切希望寄托给孩子，望孩子好好读书，长大成人，继承父母的革命事业。

彭湃

彭湃（1896—1929），广东海丰人。中国共产党早期农民运动领导人。1917年赴日本留学，1921年回国，参加社会主义青年团。1924年年初转为中国共产党党员。1922年领导海丰县农民运动。曾任国民党中央农民部秘书、中共广东区委委员、全国农民协会执行委员，长期从事农民运动。在中共五大上被选为中央委员。大革命失败后，参加南昌起义，任中共前敌委员会委员。八七会议上被选为临时中央政治局候补委员，后回海陆丰任中共东江特委书记。1928年7月在中共六大上被选为中央政治局委员。同年任中共中央农委书记兼江苏省委军委书记。1929年8月24日，因叛徒出卖在上海被捕。30日就义于龙华，时年33岁。

杨殷

杨殷（1892—1929），广东香山（今中山）人。1911 年参加同盟会，曾任孙中山副官。1922 年加入中国共产党。后由中共派往苏联参观学习。1923 年回国后从事工人运动，领导组建了粤汉铁路总工会等。1924 年任中共广东区委委员。1925 年参与领导省港大罢工。1927 年 12 月参与领导广州起义，任广州苏维埃政府肃反委员会人民委员、代理主席。1928 年 4 月任中共广东省委委员，6 月在中共六大上被选为中央委员、中央政治局候补委员，旋任中共中央军事部部长。1929 年 8 月 24 日因叛徒出卖在上海被捕，30 日被害于龙华，时年 37 岁。

狱中给党组织的信

冠生[1]暨家中老少：

我等此次被白害，已是无法挽救。张、梦、孟都公开承认，并尽力扩大宣传。他们底下的丘及同狱的人，大表同情。尤是丘等，听我们话之后，竟大叹气而捶胸者。我们在此精神很好。兄弟们不要因为弟等牺牲而伤心。望保重身体为要。

余人还坚持不认，颐与××[2]瑜个人感情尚好。

孟[3]揆梦[4]

|注 释：　〔1〕冠生是周恩来同志的代号。当时任中共中央政治局委员、中央组织部部长、中央军委书记。
〔2〕原件如此。
〔3〕即孟安，彭湃笔名。
〔4〕原件如此。疑为孟揆，即杨殷。

|题 解：　此诗选自《彭湃文集》，人民出版社 2014 年版。
1929 年 8 月 24 日，彭湃等由于叛徒白鑫的出卖而在上海被捕，后被解至伪龙华警备司令部，8 月 30 日下午被杀害。这封信是在被害前不久写的。在知道"无法挽救"的情况下，作者表达了视死如归的英雄气概。

陈毅安

陈毅安（1905—1930），湖南湘阴人。1924 年加入中国共产党。1926 年毕业于黄埔军校。曾任国民革命军教导师第三团第三营第七连党代表、武汉国民政府警卫团辎重队长。大革命失败后，参加秋收起义，后随部队到达井冈山，其间参加井冈山革命根据地的创建、指挥黄洋界保卫战等。曾任工农革命军第一师第一团第一营连长、副营长、营长、红四军三十一团副团长兼第一营营长、红五军副参谋长、红四师师长、红三军团第八军第一纵队司令员等职。1930 年 8 月 7 日在长沙作战时牺牲，时年25 岁。

给未婚妻李志强的信（一）（节录）

......

我希望你要研究主义，勿读死书。学了学问是要拿到社会去应用的，不然虽是个专门学家，也是没一点用的了。并且要把眼光看远些，我们中国，是世界的一部分，不是从前门户未开的一样，所以中国的国民革命也是世界革命的一部分。先总理的遗嘱说，"联合世界上以平等待我之民族共同奋斗"，就是看清了这一点。世界上人类分两部分，一个是压迫阶级，一个是被压迫阶级，压迫阶级就是帝国的国际联盟，被压迫阶级当然也要联合去反对他，才不至永远在十八层地狱之下。

......

> 毅安寄自广东鱼珠炮台
> 三月七日

｜题　解： 此信据中国国家博物馆馆藏原信手稿节录刊印。

这封信写于 1926 年 3 月，陈毅安此时就读于中央军事政治学校特科大队。在信中反映了他那学以致用、改造社会的学习观。

给未婚妻李志强的信（二）（节录）

……

你要知道，爱情是神圣的，是要在精神上表示的，不要入魔，不要成了情痴。要做肉欲的恋爱，那就男子顶好到花天酒地去过生活，女子顶好上掉台，这不直接（截）了当吗？说到这里，我要声明一句，我说这几句话，并不是对你说的，也不是对自己说的，是对社会上普通一般人说的，长沙许多兽欲的男女，简直不成体通（统），广州更进的厉害……我同你的爱情，我自己也可夸奖说，是神圣的，光明正大的，赫烈写给我的信，说我'能摆脱一切，求学远方'，这句话，就可表示未入情魔，未成情痴的明证。妹妹，我亲爱的妹妹，我俩爱情的实现，怎在一两年间，那时候我俩的爱情冲动，要如何如何实现，就如何如何实现起来，卿卿我我，接吻，以及等等说不出的事情，充分的（得）出表示，小孩制造厂，也可宣布成立，最快乐的家庭可预贺咧！现在无论如何来相思，是不能成为事实，不独不能得到安乐，而且感受许多痛苦，而于学业身体，危险万分。结果，恐怕是饭桶衣架，情场病夫。我希望我亲爱的妹妹，甜蜜的 wife[1]，还是安心求学，不要胡思乱想，把胡思乱想的时间，看看新潮流的书籍，做做革命的工作，那就于自己的前途，女界的解放，国民革命的成功，必有许多益处了。

你意中人寄

一九二六年四月四日

给未婚妻李志强的信（三）（节录）

......

我始终是爱你，决不至有其他欲望，你可放心。我之革命工作，你以后不能干涉我，要我不革命是不可能的，爱情是爱情，革命是革命，为爱情而不革命，可说他不是人。你说要我莫去打战（仗），这话的出发点确实是爱情的作用，我不是做的军事运动，当然是不去打战（仗），但是你说这话，就太不应该了，我不多责备你，希望你以后努力！

小兄毅安

八、十七日

注 释： 〔1〕 wife：英文妻子的意思。

题 解： 这两封信分别写于 1926 年 4 月和 8 月，均据中国国家博物馆馆藏原信手稿节录刊印。

陈毅安此时就读于中央军事政治学校军官班经理科。这两封信集中反映了他在恋爱婚姻问题上那超然的、不为卿卿我我的儿女情长所拘泥的爱情观。

恽代英

恽代英（1895—1931），江苏武进人。又名蓬轩，字子毅。1921年加入中国共产党。1923年当选为中国社会主义青年团中央委员、宣传部部长，主编《中国青年》杂志。1926年被党派往黄埔军校，任政治总教官。1927年到武汉，主持中央军事政治学校工作；4月在中共五大上当选为中央委员。7月任中共中央前敌委员会委员，参与组织和领导南昌起义；12月参加广州起义，任广州苏维埃政府秘书长。1928年秋到上海，任中共中央宣传部、组织部秘书长等职，曾主编中央机关刊物《红旗》。1930年5月6日在上海被捕。由于叛徒叛变，1931年4月29日在南京狱中遭杀害，时年36岁。

狱 中 诗

浪迹江湖忆旧游，
故人生死各千秋[1]。
已摈忧患寻常事[2]，
留得豪情作楚囚[3]。

注 释：

〔1〕 浪迹：行踪漂泊不定。旧游、故人：原意都指老朋友，此指革命同
志。千秋：不朽。

〔2〕 已摈忧患：已摒除个人得失。寻常事：把个人得失看得很平常。

〔3〕 楚囚：本指春秋时被俘到晋国的楚国人钟仪，后用来借指被囚禁
的人。

题 解：

此诗选自《恽代英全集》，人民出版社 2014 年版。

1930 年 5 月 6 日，恽代英在上海杨树浦被租界巡捕房逮捕，次日
引渡给国民党淞沪警备司令部，此诗写于狱中，抒发了作者不计个人
得失，甘愿为革命牺牲的精神。

时代的囚徒

囚徒，时代的囚徒，
我们并不犯罪，
我们都从火线上捕来，
从那阶级斗争的火线上捕来。
囚徒，不是囚徒，
是俘虏！

凭它怎么样虐待，
热血仍旧是在沸腾！
蚊蝇和蚤虱，
黄饭和枯菜，
瘦得了我们的肉，
瘦不了我们的骨！

囚徒，时代的囚徒，
我们并不犯罪，
我们都从火线上捕来，
从那阶级斗争的火线上捕来。
囚徒，不是囚徒，
是俘虏！

我们并不怕死，
胜利就在我们眼前！
铁壁和铜墙，
手铐和脚镣，
锁得住我们的身，
锁不住我们的心！

题 解： 此诗选自《恽代英全集》，人民出版社 2014 年版。

邓恩铭

邓恩铭（1901—1931），贵州荔波人。水族。"五四运动"时期在山东组织励新学会，介绍俄国十月革命。1921年参与发起建立济南共产党早期组织；7月参加中国共产党第一次全国代表大会。1922年1月赴苏联出席远东各国共产党及民族革命团体第一次代表大会；同年底被党派往青岛开展建党工作，先后任中共直属青岛支部书记、中共青岛市委书记。1925年参加领导胶济铁路、青岛日纱厂工人大罢工。1926年任中共山东省委书记。1927年出席中共第五次全国代表大会、全国第四次劳动大会；同年秋任中共山东省委执行委员会书记。1928年12月在济南被捕。1931年4月5日英勇就义，时年30岁。

诀　别

卅一年华转瞬间，壮志未酬奈何天；不惜惟我身先死，后继频频慰九泉。

给父亲的信

父亲大人：

不写信又三个月了，知双亲一定挂念，但儿又何常（尝）不惦念双亲呢。儿一切很好，想双亲及祖母……均安康如常？

儿生性与人不同，最憎恶的是名与利，故有负双亲之期望，但所志既如此，亦无可如何。再婚姻事，已早将不能回去完婚之意直达王家。儿主张既定，决不更改，故同意与否，儿概不问，各行其是也。三爷与印寿回南，儿本当同行，奈职务缠身，无法摆脱，故只好硬着心肠不回去。印寿如到荔[1]，问他就知道儿一切情形了。儿明天回青岛，仍就原事。余容续禀，肃此敬请福安并叩祖母万福　顺祝

男恩明[2]

谨禀

五月八日

回家事虽未定，
但亦不可告人。

题 解： 此信据中国国家博物馆馆藏原信影印件刊印。

这是 1924 年 5 月 8 日，邓恩铭写给父亲邓国琮的信，回答父母多次写信要他埋头读书、成就功名的看法，指出他最憎恶的是名与利，表现了共产党人一心一意为革命，不追求个人的名和利的崇高精神。

王步文

王步文（1898—1931），安徽岳西人。1921年参加筹建并加入安徽社会主义青年团。1923年加入中国共产党。1925年6月去日本留学，参加组织中共东京支部。1926年1月参加国民党第二次代表大会。1927年2月回国，在中共中央组织部工作，并任国民党上海市特别党部组织部长、上海总工会青年部部长。大革命失败后，任中共安徽省临时委员会委员，负责组织工作。1929年任中央巡视员。1930年9月任中共安徽省委书记兼宣传委员。1931年4月6日因省委机关遭破坏而被捕。敌人对他许以高官厚禄，继而使用各种酷刑，都未能动摇他的革命意志。当敌人宣判对他的死刑后，他从容地念了自挽挽联："是革命家，是教育家，怀如此奇才，生而无愧；为革命死，为大众死，仗这般大义，死又何妨。"5月31日英勇就义，时年33岁。

就义前给妻子的绝笔信

复苏爱妻：

  我为革命而死了，你不要悲哀，不要难过，应抚养爱
生，以继予志。我的财产由你承继。

夫步文上 五月卅一日

| 题 解： 此绝笔信据影印件刊印。

  这是 1931 年 5 月 31 日王步文牺牲前写给妻子方启坤（化名复苏）
的绝笔信。表现了烈士在牺牲前视死如归的革命精神和对革命的坚定
信念。

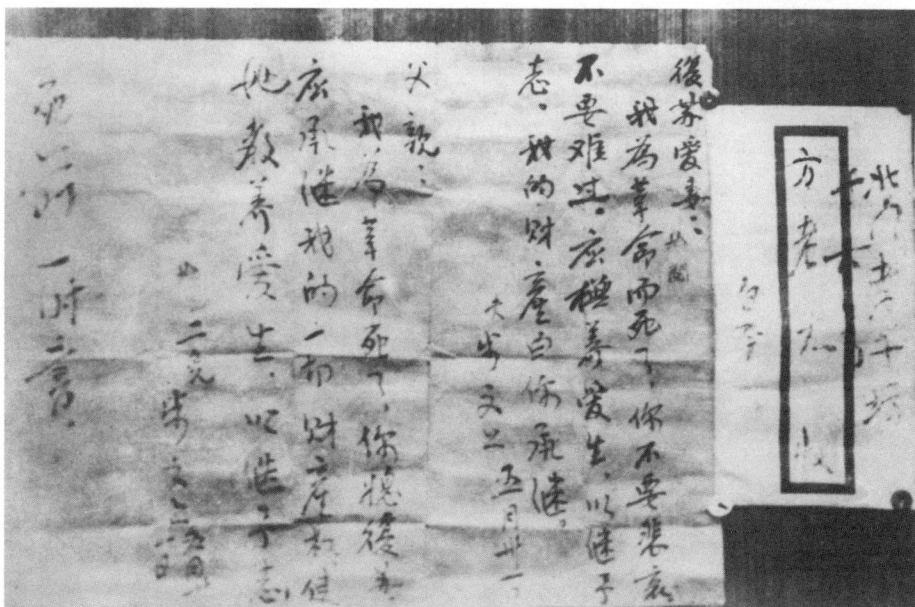

给妻子和父亲的信手迹

童长荣

　　童长荣（1907—1934），安徽湖东（今枞阳）人。1922 年加入中国社会主义青年团。1925 年留学日本时，加入中国共产党，参加中共东京特别支部的领导工作。1928 年秋回国后，历任中共上海沪中区委书记、中共河南省委书记、中共大连市委书记。"九一八事变"后，任中共东满特委书记，领导抗日武装斗争，创建抗日游击根据地。1934 年 3 月 21 日在吉林汪清县同日本侵略军作战中牺牲，时年 27 岁。

给母亲的信

母亲大人：

好久没写信回家了，劳你老人们挂念，心实不能安，老人们或者以为我忘了家罢，其实我决不，我无日不想回去看看乡里的沧桑[1]，家庭的状况，你老母的平安！

想回去而不回去的理由很简单，因为来回要百多元。——春假了，还是欲归不得！

乡里的兵匪之乱，怕还未来静吧，——这是不能平静的呵。在社会未变革，上下未颠倒以前。——这不独是中国，全世界都走到五叔所常说的"大劫"[2]的关头，但也是黑暗和光明的天晓。日本近日全国捕去了千多革命者，但是劳农的反抗也就随着更加高涨起来，压不下去的。

我在求学之时，听到或看到这些事情，就常常不禁浩叹！——我家为什么这样破落？你老人家年老了，为什么不能得到事（侍）养？我读书之年为什么没有钱读书？怎样解决这些问题？

又听说广东东江和海南岛一带的小百姓全都赤化起来，田塍[3]也废掉了，田契债据都烧毁掉了，生意也兴盛起来了，——他们胆子真大呀，简直是无法无天！

在日本消息非常灵通，真是触目接耳心酸！

以后来信，统寄日本东京府下大冈山李仲明样，内封长荣收。因为春假要去他处旅行，以后又要住贷间的。

诸长，诸兄，诸友，皆问好！

敬叩金安！

荣儿

三·二十日

注 释： 〔1〕 沧桑：变化。

〔2〕 大劫：大灾难。

〔3〕 田塍：田间的土埂。

题 解： 此信是 1926 年童长荣在日本留学期间写的。现据手迹影印件刊印。

信中充满作者对家乡的思念之情和改变祖国黑暗状况的迫切心情，也表现出作者对广东等地农民运动的敬佩。

顾作霖

顾作霖（1908—1934），江苏嘉定（今属上海）人。1925年在上海大学加入中国共产主义青年团。1926年初转为共产党员；11月调任中共江浙区委职工运动委员会委员，共青团江浙区委委员、组织部长。1927年参与筹划上海工人三次武装起义。1928年任中共山东省委委员、共青团山东省委书记。1929年先后任中共江苏省委委员、共青团江苏省委书记、共青团中央组织部长。曾参加中共六届四中全会。会后前往中央苏区，任共青团（少共）苏区中央局书记，创办《青年实话》。1933年任中共闽赣省委书记。1934年在中共六届五中全会上当选为中央委员、政治局委员。1933年任中国工农红军总政治部代理主任兼红军第一方面军政治部主任。他长期带病坚持工作，1934年5月28日，在广昌决战的前线因病逝世，时年26岁。

遗 墨

休损害宝贵的身体
莫辜负不再的韶光
伟大的事业
正需要你青年力壮

顾作霖

题 解： 此遗墨据中国国家博物馆馆藏手迹影印件刊印。

顾作霖在中央苏区艰苦的斗争中，患了肺结核症。在第五次反"围剿"中，他坚持工作，经常彻夜不眠，病情加重，终于在前线病逝，为革命鞠躬尽瘁。遗诗是从他自己的切身体会中说出的肺腑之言，给人以深刻的启示。

吉鸿昌

　　吉鸿昌（1895—1934），河南扶沟人。行伍出身。在西北军冯玉祥部历任连长、营长、团长、旅长、师长、军长。参加过北伐战争，曾任宁夏省政府主席。1931年因拒绝"剿共"，被蒋介石强令出国。1932年回国后，曾策旧部起义未果。1933年5月同冯玉祥、方振武在张家口组成察哈尔民众抗日同盟军，并任该军第二军军长兼北路军前敌总指挥，出师抗日。失败后，在北平、天津等地从事抗日活动。1934年1月加入中国共产党。同年11月9日在天津被国民党政府逮捕，24日在北平陆军监狱慷慨就义，时年39岁。

遗 墨

作官即不许发财

题 解： "作官即不许发财"是吉鸿昌手书他父亲的遗嘱，并把它烧制在瓷碗上留作纪念，并日日警醒自己。现据中国国家博物馆馆藏烧在纪念碗上的手迹刊印。遗墨表现了作者为官清廉的品德。

吉鸿昌手书父亲《遗嘱》制作的纪念碗

就义前给妻子的遗书

红霞吾妻鉴：

夫今死矣！是为时代而牺牲。人终有死，我死您也不必过伤悲，因还有儿女得您照应。家中余产不可分给别人，留作教养子女等用。我笔嘱矣，小儿还是在天津托喻先生照料上学以成有用之才也。家中继母已托二、三、四弟照应、教（孝）敬，你不必回家可也。

| 题 解： | 此遗书是吉鸿昌就义的当天写给妻子胡红霞的。现据手迹影印件刊印。遗书表现了作者"为时代而牺牲"的大无畏精神。 |

就 义 诗

恨不抗日死，
留作今日羞。
国破尚如此，
我何惜此头！

题 解： 　　1934 年 11 月 9 日，吉鸿昌不幸被国民党反动派逮捕，11 月 24 日被杀害，殉难前，吉鸿昌从容走上刑场，以树枝作笔，以大地为纸，写下了浩然正气的就义诗，然后在刑场上慷慨陈词："我为抗日而死，不能跪下挨枪，我死了也不能倒下！给我拿把椅子来，我得坐着死。"坐在椅子上又向敌人说："我为抗日死，死得光明正大，不能在背后挨枪。你在我眼前开枪，我要亲眼看到敌人的子弹是怎样打死我的。"当刽子手在他面前举起枪时，他凛然高呼："抗日万岁！""中国共产党万岁！"壮烈牺牲，时年 39 岁。

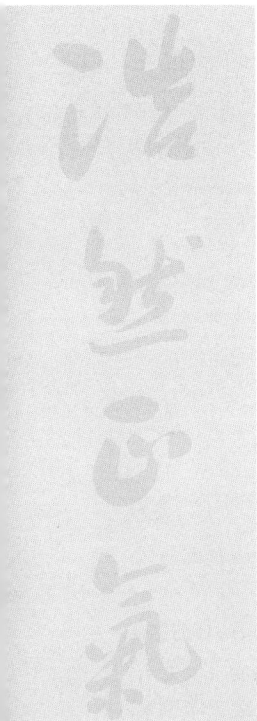

何叔衡

何叔衡（1876—1935），湖南宁乡人。1918年参加新民学会。1920年参与组织"文化书社""俄罗斯研究会"，宣传马克思主义。1921年参加中国共产党第一次全国代表大会。后任中共湘区委员会委员、国民党湖南省党部执行委员。大革命失败后，赴苏联莫斯科中山大学学习，参加中共六大。1930年回国，是上海互济会主要负责人之一。1931年进入中央苏区，任中华苏维埃共和国临时中央政府工农检查人民委员、内务人民委员、中央政府临时法庭主席等职。1934年10月红一方面军主力长征后，留在根据地坚持斗争。1935年2月在福建长汀突围时壮烈牺牲，时年59岁。

遗　诗

身上征衣杂酒痕。
远游无处不消魂。
此生或是忘家客。
风雨登轮出国门。

|题　解：　此诗据中国国家博物馆馆藏 1961 年 2 月 17 日熊瑾玎抄录的手迹原件刊印。

　　1928 年 7 月，何叔衡离开上海与徐特立等赴莫斯科学习，路过哈尔滨时所作此诗。1961 年由何实嗣、杜延庆搜录后送给熊瑾玎。它抒发了作者在大革命失败后风云变幻的时刻，离家出国，继续为革命事业而奋斗的情怀。

阮啸仙

　　阮啸仙（1897—1935），广东河源人。1920 年8 月加入社会主义青年团。1921 年参加广东共产党早期组织。1922 年 5 月在广州参加社会主义青年团第一次全国代表大会，会后负责筹备成立社会主义青年团广东区委员会，被选为团区委书记。1923 年8 月在共青团第二次全国代表大会上被选为团中央执行委员会候补委员。大革命时期先后任中共广东区委委员、中共中央农民运动委员会委员、中共广东省农民协会执行委员会常务委员等职。他是大革命时期农民运动的重要领导人之一。1931 年到中央苏区，任中华苏维埃共和国中央执行委员会委员、审计委员会主任。1934 年 10 月红军长征后，在赣南坚持游击战争，任中共赣南省委书记兼赣南军区政治委员。1935 年 3 月 6 日，在仁凤地区突围的战斗中壮烈牺牲，时年 38 岁。

给儿子的信（节录）

乃纲爱儿：

　　……

　　爱儿：你不是要我买什么书给你吗？我本来是很穷的，现在更穷上加穷，变成一顿找来一顿吃，有了今天明日愁，就由得明日忧了，连今写信给你的邮票，都费了很大力量得来的呢。说起来，恐怕有些人不大相信吧。其实这些年头，这些事，这些人多着咧。

　　爱儿：我希望你好好的读书，放学回来或暇日要助家做一些日常应做的事，譬如弄饭煮菜等事。……煮饭虽小，但含有许多道理科学作用，不过"前人种竹后人享福"，见惯不怪，以为无希奇被人忽略过去了。总之，一事虽小，增长的见识就不少。古人说：问君一晚话，胜读十年书，这是经验之谈也。望你从实际上去学习。

　　……

　　爱儿！你想学好，你应该向你眼前的事情去学，事无大小，都有它的道理的。想见识多，有本事能耐，不必向上海或外国花花世界去学，随时随地随事都是书本，都有够学的道理在，那（哪）怕是烧火煮饭的小事，你想知道火是什么东西？从何而来？它对于人群社会有何益处？有何害处？如何用之才有益而无害？那就够你想了。

　　今晚因为下雨，未有伞又未有雨鞋，不能往外边跑，抽暇写这封信给你，望你给我回信！

父字

六月十六日晚上十二时

　　　　此信据影印件节录刊印。

　　这是 1933 年阮啸仙在上海写给儿子阮乃纲的信。信中教育儿子要好好读书，要从日常生活中、眼前的事物中去学习知识。信中还写了他无钱买邮票，没有雨伞、雨鞋等情况，使我们看到共产党人为革命艰苦奋斗、甘于清贫的精神。

刘伯坚

刘伯坚（1895—1935），四川巴中（今平昌）人。1920年赴法国和比利时勤工俭学。1922年加入中国共产党。1923年11月赴苏联莫斯科东方大学学习，被推选为中共旅莫支部书记。1926年回国任西北军冯玉祥部政治部部长。大革命失败后，再赴苏联学习，并出席中共第六次全国代表大会。1930年回国任中央军事政治学校政治部主任、中央军委秘书长、中华苏维埃共和国中央执行委员等职。1934年10月红一方面军主力长征后，留在根据地坚持斗争，任赣南军区政治部主任。1935年3月率部在江西省信丰、会昌交界处突围时负伤被俘，坚贞不屈。21日在江西省大庾（今大余）县英勇就义，时年40岁。

带镣行

带镣长街行，蹒跚复蹒跚，
市人争瞩目，我心无愧怍。

带镣长街行，镣声何铿锵，
市人皆惊讶，我心自安详。

带镣长街行，志气愈轩昂，
拼作阶下囚，工农齐解放。

│题 解：　此诗据影印件刊印。

刘伯坚在狱中写的这首诗，记述了 1935 年 3 月 11 日，他带着沉重的脚镣，由国民党大庾县监狱移到敌绥靖公署候审，路经大庾县街头的情景。表现了革命者为工农的解放，"带镣长街行，志气愈轩昂"的英雄气概。

就义前给诸兄嫂的遗书

凤笙大嫂[1]并转五六诸兄嫂:

本月初在唐村写寄给你们的信、绝命词及给虎、豹、熊[2]诸幼儿的遗嘱，由大庾县[3]邮局寄出，不知已否收到？

弟不意现在尚留人间，被押在大庾粤军第一军军部，以后结果怎样，尚不可知，弟准备牺牲。生是为中国，死是为中国，一切听之而已。

现有两事须要告诉你们，请注意！

一、你们接我前信后必然要悲恸失常，必然要想方法来营救我。这对于我都不需要。你们千万不要去找于先生[4]及邓宝珊[5]兄来营救我。于、邓虽然同我个人的感情虽好，我在国外叔振[6]在沪[7]时还承他们殷殷照顾，并关注我不要在革命中犯危险。但我为中国民族争生存争解放与他们走的道路不同。在沪晤面时，邓对我表同情，于说我所做的事情太早。我为救中国而犯危险，遭损害，不需要找他们来营救我，邦（帮）助我，使他们为难。我自己甘心忍受。尤其需要把我这件小事秘密起来，不要在北方张扬，使马二先生[8]知道了，做些假仁假义来对付我。这对于我丝毫没有好处，而只是对于我增加无限的侮辱，丧失革命者的人格。至要至嘱（知道的人多了就非常不好）。

二、熊儿生后一月，即寄养福建新泉芒溪黄荫胡家；豹儿今年寄养在往来瑞金、会昌、雩都、赣州这一条河的一只商船上，有一吉安人罗高，廿余岁，裁缝出身，携带豹儿。船老板是瑞金武阳围的人，叫赖宏达，有五十多岁，撑了几十年的船，人很老实。赣州的商人多半认识他。他的老板娘叫郭贱姑，他的儿子叫赖连章（记不清楚了），媳妇叫做梁照娣。他们一家人都很爱豹儿，故我寄交他们抚育。因我无钱，只给了几个月的生活费，你们今年以内派人去找着，还不致于饿死。

我为中国革命没有一文钱的私产，把三个幼儿的养育都要累着诸兄嫂。我四川的家听说久已破产，又被抄没过，人口死亡殆尽。我已八年不通信了。为着中国民族，就为不了家和个人。诸兄嫂明达，当能了解，不致说弟这一生穷苦，是没有用处。

诸儿受高小教育至十八岁后即入工厂作工，非到有自给的能力不要结婚，到卅岁结婚亦不为迟，以免早生子女自累累人。

叔振仍在闽，已两个月余不通信了。祝诸兄嫂近好！

弟　坚

三月十六日于江西大庾

注　释：

〔1〕　凤笙大嫂：刘伯坚爱人的兄嫂。

〔2〕　虎、豹、熊：即刘伯坚的儿子刘虎生、刘豹生、刘熊生。

〔8〕　大庾县：今江西省大余县。

〔4〕　于先生：即于右任。

〔5〕　邓宝珊（1896—1968）：曾任国民党陕西绥靖公署驻甘肃行署主任。

〔6〕　叔振：刘伯坚的爱人。

〔7〕　沪：上海。

〔8〕　马二先生：即冯玉祥。

题　解：

此遗书写于1935年，现据中国国家博物馆馆藏遗书原件刊印。

作者在遗书中，表达了"生是为中国，死是为中国，一切听之而已"的浩然正气和"为着中国民族，就为不了家和个人"的无私情怀。

瞿秋白

　　瞿秋白（1899—1935），江苏武进（今属常州）人。1919 年参加五四运动，后参加李大钊组织的马克思学说研究会，探求拯救中国的道路。1920 年以《晨报》记者身份赴苏联采访，确立了投身共产主义运动的志向。1922 年 2 月加入中国共产党。1923 年初回国后，在上海主编共产党的理论刊物《新青年》和《前锋》。为中共第四、五、六届中央委员、中央政治局委员。大革命失败后，瞿秋白在汉口主持召开"八七会议"，确立了土地革命和武装反抗国民党反动统治的总方针。1928 年 6 月出席在莫斯科召开的中共第六次全国代表大会，并作政治报告。会后留莫斯科，任中共驻共产国际代表团团长。1930 年 9 月在上海主持召开中共六届三中全会。1934 年 1 月到达江西中央革命根据地，担任中央工农民主政府教育委员。这年 10 月红军长征后，留在根据地。1935 年 2 月在转移途中被俘，6 月 18 日在福建长汀英勇就义，时年 36 岁。

狱中题照

如果人有灵魂的话，何必要这个躯壳！

但是，如果没有的话，这个躯壳又有什么用处？

这并不是格言，也不是哲理，而是另外有些意思的话。

瞿秋白

一九三五年五月

摄于汀州狱中

|题　解：　瞿秋白被捕后，被关押在长汀国民党第三十六师师部，他在此写了许多诗词、刻了许多图章。凡是向他求刻图章或索要诗词的官兵，他都一一满足他们的要求。瞿秋白在狱中拍过一张照片，有一个军医向他索要这张照片，并请他在照片上题词，他慨然挥笔写了这几句话，表现了一个革命者崇高的精神境界。

瞿秋白狱中照及题词

方志敏

方志敏（1899—1935），江西弋阳人。乳名正鹄，号慧生。1922 年加入中国社会主义青年团，次年加入中国共产党。在中共六大上当选为中央委员。1928 年 1 月领导横峰、弋阳农民起义，创建了赣东北革命根据地和中国工农红军第十军。曾任赣东北及闽浙赣苏维埃政府主席和红十军政委、中共闽浙赣省委书记。1931 年 11 月当选为中华苏维埃共和国临时中央政府执行委员。1934 年 11 月任红军北上抗日先遣队军政委员会主席。1935 年 1 月 27 日在江西德兴县陇首村作战时被俘。在狱中坚贞不屈，写了《可爱的中国》《清贫》等著作，表达为民族独立、人民解放，为党的事业不惜牺牲一切的坚定决心。同年 8 月 6 日在南昌英勇就义，时年 36 岁。

清贫（节录）

我从事革命斗争，已经十余年了。在这长期的奋斗中，我一向是过着朴素的生活，从没有奢侈过。经手的款项，总在数百万元；但为革命而筹集的金钱，是一点一滴的用之于革命事业。这在国方[1]的伟人们看来，颇似奇迹，或认为夸张；而矜持不苟，舍己为公，却是每个共产党员具备的美德。所以，如果有人问我身边有没有一些积蓄，那我可以告诉你一桩趣事：

就在我被俘的那一天——一个最不幸的日子，有两个国方兵士，在树林中发现了我，而且猜到我是什么人的时候，他们满肚子热望在我身上搜出一千或八百大洋，或者搜出一些金镯金戒指一类的东西，发个意外之财。那（哪）知道从我上身摸到下身，从祆领捏到袜底，除了一只时表和一枝自来水笔之外，一个铜板都没有搜出。他们于是激怒起来了，猜疑我是把钱藏在那（哪）里，不肯拿出来。他们之中有一个，左手拿着一个木柄榴弹，右手拉出榴弹中的引线，双脚拉开一步，作出要抛掷的姿势，用凶恶的眼光盯住我，威吓地吼道：

"赶快将钱拿出来，不然就是一炸弹，把你炸死去！"

"哼！你不要作出那难看的样子来吧！我确实一个铜板都没有存；想从我这里发洋财，是想错了。"我微笑淡淡地说。

"你骗谁！像你当大官的人会没有钱！"拿榴弹的兵士坚不相信。"决不会没有钱的，一定是藏在那（哪）里，我是老出门的，骗不得我。"另一个兵士一面说，一面弓着背重来一次将我的衣角裤裆过细的捏，总企望着有新的发现。

"你们要相信我的话，不要瞎忙吧！我不比你们国民党当官，个个都有钱，我今天确实是一个铜板也没有，我们革命不是为着发财啦！"我再向他们解释。

等他们确知在我身上搜不出什么的时候，也就停手不搜了；又在我藏躲地方的周围，低头注目搜寻了一番，也毫无所得，他们是多么的失望呵！那个持弹欲放的兵士，也将拉着的引线，仍旧塞进榴弹的木柄里，转过来来抢夺我的表和水笔。后彼此说定表和笔卖出钱来平分，才算无话。他们用怀疑而又惊异的目光，对我自上而下的望了几遍，就同声命令地说："走吧！"

是不是还要问问我家里有没有一些财产？请等一下，让我想一想，啊，记起来了，有的有的，但不算多。去年暑天我穿的几套旧的汗褂裤，与几双缝上底的线袜，已交给我的妻放在深山坞里保藏着——怕国军〔2〕进攻时，被人抢了去，准备今年暑天拿出来再穿；那些就算是我唯一的财产了。但我说出那几件"传世宝"来，岂不要叫那些富翁们齿冷三天？！

清贫，洁白朴素的生活，正是我们革命者能够战胜许多困难的地方！

一九三五年五月二十六日写于囚室

| 注 释： 〔1〕 国方：指国民党的官僚。
〔2〕 国军：指国民党军队。

| 题 解： 此文据中国国家博物馆馆藏手稿原件刊印。

1934年11月，任红10军团军政委员会主席的方志敏奉命率部北上，至皖南遭国民党军重兵围追堵截，艰苦奋战两个多月，带领先头部队脱险。但为接应后续部队冒险再入重围，于1935年1月27日在

江西德兴县陇首村被捕。两个国民党军士兵搜遍了方志敏的全身，只搜到一块怀表和一支钢笔，没有找到一文钱。作者在本文中记述了自己被捕时的经过和敌军士兵的失望，由此掷地有声地回答了一个身居高位的共产党员为什么在十余年的革命生涯中始终过着朴素的生活，这就是："清贫，洁白朴素的生活，正是我们革命者能够战胜许多困难的地方！"方志敏的清贫观正是共产党人宝贵的精神财富，《清贫》堪称共产党人的正气歌，其高风亮节为后人所敬仰。

狱中自述

　　方志敏，弋阳人，年36岁。知识分子。于1923年加入中国共产党，参加第一次大革命。1926—1927年，曾任江西省农民协会秘书长。大革命失败后，潜回弋阳进行土地革命运动，创造苏区和红军，经过8年的艰苦斗争，革命意志益加坚定。这次随红军团去皖南行动，回来这时被俘。我对于政治上总的意见，也就是共产党所主张的意见。我已认定苏维埃可以救中国，革命必能得最后的胜利，我愿意牺牲一切，贡献于苏维埃和革命，我这几年所做的革命工作，都是公开的，差不多谁都知道，详述不必要，谨述如上。

1935年1月29日晚8时

| 题 解： | 此自述据手迹影印件刊印。 |

　　这篇自述虽极简短地概述了作者的革命生涯和志向，却把这位共产主义战士光明磊落、坚贞不屈、大义凛然的英雄气概和为革命事业勇于献身的精神表达得淋漓尽致。

在狱致全体同志书（节录）

赣东北，闽北，皖赣，皖南各负责同志并转全体同志：

同志们！亲爱的同志们！我是不能再与你们共同奋斗了，我是如何的惭愧着和难过呵！我上面所说的意见，都是我最近感触到，当然里面免不了有错误。说错了请你们批评，说对了的，请你们执行。我们虽囚狱中，但我们的脑中，仍是不断的思念着同志们的奋斗精神，总期（祈）祷着你们的胜利和成功！我直到现在，革命热诚仍和从前一样。我们正在进行越狱的活动。我想，我若能越狱出来，我将用我最高的努力去创造新苏区和新红军，以恢复这次损失！同志们！越狱恐难可能（主要的是无外援），那时只有慷慨的就死了！我不能完成的工作责任，只有加重到同志们的肩头上了！同志们！十分亲爱的同志们！永别了！请你们努力吧！我这次最感痛苦的，就是失却了为党努力的机会。你们要认识：你们能够为党工作，为党斗争，那是十分宝贵的。我与刘[1]、王[2]、曹[3]同志等都是敌人刀口下的人了，是再也想不到为党拼命工作的机会了。这是无可奈何的！我能丢弃一切，唯革命事业，却耿耿在怀，不能丢却！同志们：十分亲爱的同志们！请你们经常记起你们多年在一起奋斗的战友们之惨死，提起奋勇的精神，将死敌的日本帝国主义赶快赶走吧，将万恶的国民党统治赶快推翻吧！谨向你们及你们领导下的红军和工农群众致热烈的革命敬礼！！

是你们诚挚的战友

于一九三五年四月廿写成

六月十九日密写

〔1〕 刘：即刘畴西（1898—1935）。1934 年任北上抗日先遣队红十军团军团长。1935 年 1 月被俘，同年 7 月被杀害于南昌。

〔2〕 王：即王如痴（1903—1935）。曾任红十军军长兼政治委员。1934 年 10 月参加红军北上抗日先遣队，任十九师参谋长。次年 1 月被俘后叛变，同年被杀害。

〔3〕 曹：即曹仰山（1905—1935）。曾任红十军参谋长。1934 年 10 月参加红军北上抗日先遣队。1935 年 1 月负伤被俘，同年被杀害。

题 解： 此信据巴黎救国时报社 1936 年出版的《民族英雄方志敏》版本刊印。

它表达了作者能丢弃一切，唯革命事业不能丢弃的坚定不移的革命斗志。体现了一个共产党人坚定的革命信念和对党的事业的无限忠诚。

可爱的中国（节录）

不错，目前的中国，固然是江山破碎，国弊民穷，但谁能断言，中国没有一个光明的前途呢？不，决不会的，我们相信，中国一定有个可赞美的光明前途。中国民族在很早以前，就造起了一座万里长城和开凿了几千里的运河，这就证明中国民族伟大无比的创造力！中国在战斗之中一旦斩去了帝国主义的锁链，肃清自己阵线内的汉奸卖国贼，得到了自由与解放，这种创造力，将会无限的发挥出来。到那时，中国的面貌将会被我们改造一新。所有贫穷和灾荒，混乱和仇杀，饥饿和寒冷，疾病和瘟疫，迷信和愚昧，以及那慢性的杀灭中国民族的鸦片毒物，这些等等都是帝国主义带给我们可憎的赠品，将来也要随着帝国主义的赶走而离去中国了。朋友，我相信，到那时，到处都是活跃跃的创造，到处都是日新月异的进步，欢歌将代替了悲叹，笑脸将代替了哭脸，富裕将代替了贫穷，康健将代替了疾苦，智慧将代替了愚昧，友爱将代替了仇杀，生之快乐将代替了死之悲哀，明媚的花园，将代替了凄凉的荒地！这时，我们民族就可以无愧色的立在人类的面前，而生育我们的母亲，也会最美丽地装饰起来，与世界上各位母亲平等的携手了。

这么光荣的一天，决不在辽远的将来，而在很近的将来，我们可以这样相信的，朋友！

朋友，我的话说的太啰唆厌听了吧！好，我只说下面几句了。我老实的告诉你们，我爱护中国之热诚，还是如小学生时代一样的真纯无伪；我要打倒帝国主义为中国民族解放之心还是火一般的炽烈。不过，现在我是一个待决之囚呀！我没有机会为中国民族尽力了，我今日写这封信，是我为民族热情所感，用文字来作一次为垂危的中国的呼喊，虽然我的呼喊，声音十分微弱，有如一只将死之鸟的哀鸣。

啊！我虽然不能实际的为中国奋斗，为中国民族奋斗，但我的心总是日夜祷祝着中国民族在帝国主义羁绊之下解放出来之早日成功！假如我还能生存，那我生一天就要为中国呼喊一天；假如我不能生存——死了，我流血的地方，或者我瘗骨的地方，或许会长出一朵可爱的花来，这朵花你们就看作是我的精诚的寄托吧！在微风的吹拂中，如果那朵花是上下点头，那就可视为我对于为中国民族解放奋斗的爱国志士们在致以热诚的敬礼；如果那朵花是左右摇摆，那就可视为我在提劲儿唱着革命之歌，鼓励战士们前进啦！

亲爱的朋友们，不要悲观，不要畏馁，要奋斗！要持久的艰苦的奋斗！把各人所有的智慧才能，都提供于民族的拯救吧！无论如何，我们决不能让伟大的可爱的中国，灭亡于帝国主义的肮脏的手里！

你们挚诚的祥松

五月二日写于囚室

| 题 解：　　方志敏在狱中写的《可爱的中国》等文稿，是由在监狱工作的一位同情革命的人，设法送到上海，交给鲁迅的。1936 年 4 月，鲁迅将文稿交给从陕北来上海的冯雪峰，由他送交党中央。现据中国国家博物馆馆藏手稿原件节录刊印。

文中充满作者对祖国、对人民的热爱和为党的事业奋斗不息的战斗豪情。

蒋径开（1898—1936），湖北英山人，是英山党组织创建人之一。在北京大学学习时加入中国共产党，后赴黄埔军校学习，并参加了北伐战争。大革命失败后，回到英山从事革命活动。1929 年调任上海市闸北区区委书记，以办教育为名秘密从事工人和学生运动。由于叛徒告密，于 1933 年被捕，关在漕河泾监狱，1936 年遇害，时年 38 岁。

蒋径开

狱中给妻子的遗书

子乡[1]：

你好吧！生活如何？时在念中。我现估计他们是不会放过我的。但是你千万不要悲伤，以后你会有像我这样的好人照顾你的。宗儿[2]你要好好教育他。今后不要和他们一起，和他们在一起是没有出息的，因为他们是人们最恶恨的一群豺狼。豺狼总有一天是（要）被人们打死的。你要坚定、镇静，不怕威胁、不怕艰苦，带着宗儿活下去。总有一天是属于我们的，不信，等着看吧！顺祝

近佳

径字

二十四年[3]三月十八日于曹河泾

注 释：

[1] 子乡：蒋径开的妻子，已故。

[2] 宗儿：蒋汉宗，蒋径开的儿子。

[3] 二十四年：即公历 1935 年。

题 解：

此遗书据影印件刊印。

蒋径开在狱中给妻子写好遗书后，将其藏在棉被里，由妻子给他送衣服时带出。他在遗书中表达了对爱人的思念之情，并嘱咐她不要为自己的牺牲而悲伤，而要好好教育后代，要与敌人进行坚决斗争，要对革命胜利充满信心。

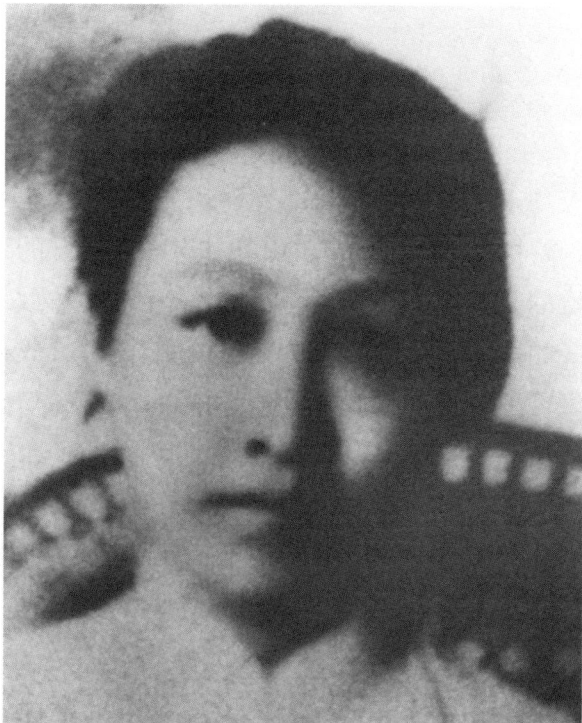

赵一曼

赵一曼（1905—1936），四川宜宾人。原名李坤泰。1923 年加入中国社会主义青年团。1926 年加入中国共产党党员。1927 年 9 月去苏联莫斯科中山大学学习，次年回国。先后在宜昌、江西、上海等地从事秘密工作。1931 年"九一八事变"后，被派往东北，在沈阳工厂中领导工人斗争。1933 年任哈尔滨总工会代理书记。1934 年春，任中共珠河中心县委委员、铁北区区委书记，发动群众，建立农民游击队，配合抗日部队作战。后兼任东北人民革命军第三军第二团政治委员，率部活动于哈尔滨以东地区，给日伪以沉重的打击。1935 年 11 月在与敌作战中，为掩护部队负伤后在昏迷中被俘。在狱中，敌人动用酷刑，她坚贞不屈。1936 年 8 月 2 日被日军杀害，时年 31 岁。

赵一曼牺牲前给儿子的信

　　亲爱的我的可怜的孩子啊，母亲到东北来找职业，今天这样不幸的最后，谁又能知道呢？母亲的死不足惜，可怜的是我的孩子，没有能给我担任教养的人。母亲死后，我的孩子要替代母亲继续斗争，自己壮大成人，来安慰九泉之下的母亲！你的父亲到东北来，死在东北，母亲也步着他的后尘。我的孩子，亲爱的可怜的我的孩子啊！母亲也没有可说的话了。我的孩子自己好好学习，就是母亲最后的一线希望。（1936 年 8 月 2 日在临死前的你的母亲）

| 题　解：　　此绝笔书据中央档案馆馆藏文物抄录。

　　　　　　　这段遗言体现了赵一曼牺牲前对儿子的眷念和希望。

宣侠父

宣侠父（1899—1938），浙江诸暨人。1923年加入中国共产党。1924年5月考入黄埔军校。1925年春被派往冯玉祥西北军从事文教工作，同年冬参与创建中共甘肃特别支部，任支部委员。1931年任国民党第二十五路军总参议。1933年任察哈尔民众抗日同盟军军委常委、第二军政治部主任兼第五师师长，随吉鸿昌部收复康保、宝昌、多伦等地，给日军以沉重打击。1934年夏调至中共上海中央执行局特科，从事党的秘密工作。1935年任中共华南工作委员会书记，推动李济深等组织反蒋抗日的中华民族革命同盟。1936年参加反蒋的"两广事变"，参与重建第十九路军，任政治部主任兼六十一师参谋长。抗日战争爆发后，以八路军高级参议身份，赴西安从事统战工作。1938年7月在西安被国民党特务秘密绑架杀害，时年39岁。

遗诗四首

中华民族命何穷，都在铁蹄践踏中。
今日工农齐奋起，国民革命快成功。
　　　　　国民革命非工农群众参加无成功希望，
　　　　　愿之道[1]老弟志之。侠父

神州遍地涨烽烟，莫只登楼意黯然。
惟有齐心来革命，一条生路在人前。
　　　　　赴潼关前一日为之道老弟书此，越东
　　　　　侠父于少华山麓。

人民渐自梦中回，革命呼声惊似雷。
同志如今须记取，自由要用血争来。
　　　　　革命须有牺牲，然后有代价。与道弟
　　　　　共勉之。十六年春侠父。

右派诸人亦可怜，反俄反共自嚣然。
如斯也作胜利想，历史倒翻一万年。
　　　　　右派分子见此诗必愤而绝食矣，果如
　　　　　此亦无量功德也。侠父于华州。

注　释： 〔1〕 张之道：又名张知道、智道、致道，陕西华县人，此时就读于陕西
咸林中学。

题　解： 这四首诗均据中国国家博物馆馆藏手稿原件刊印。
1926 年 10 月至 1927 年 6 月间，宣侠父随冯玉祥部抵达陕西华县，
书此四首诗赠予张之道。这期间中国大革命经过高潮后，已处于失败

的前夜。在这四首诗中，作者以朴实的语言，表达了对全国工农大众空前觉醒和大革命所带来的大好形势的无限喜悦之情，抒发了为了革命不怕流血牺牲的壮志豪情，同时也对国民党右派分子破坏国民革命的背叛行径进行了无情的鞭挞。

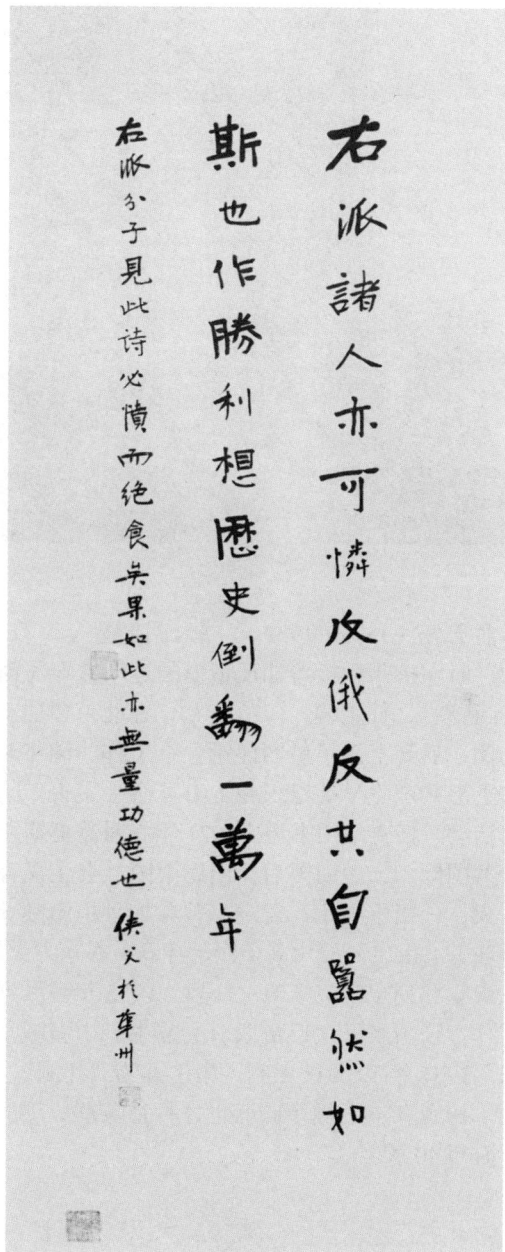

《遗诗》手迹

俞秀松

俞秀松（1899—1939），浙江诸暨人。"五四运动"时在杭州积极参加反帝爱国运动，参与创办《浙江新潮》，任主编。1920年初，在北京参加工读互助团，后到上海《星期评论》社工作。同年8月参与上海共产党早期组织和上海社会主义青年团的创建活动，任青年团书记。1921年3月赴莫斯科出席少共国际二大。回国后，出席中国社会主义青年团一大，任团中央执行委员。曾参加孙中山领导的军事斗争。1925年受中共委派赴苏联，在东方大学、中山大学和列宁学院学习、任教。1935年被派到新疆工作，任新疆民众反帝联合会秘书长、新疆学院院长。1937年12月被王明、康生诬为"托派"。遭被捕。1939年6月被军阀盛世才押往苏联，旋即被害，时年40岁。

给父母亲的信

父母亲：

十二月十六日寄来的信，于二十二日收到。军官讲习所大约不办了，因为广东现在内部非常纷乱，滇军桂军已集中肇庆，所以我们也积极准备进行，直驱羊城当非难事。我现在的职务是关于军事上的电报等事，对于军事知识很可得到。并且现在我自己正浏览各种军事书籍，将来也很足慰父亲的希望罢。父亲，我的志愿早已决定了：我之决志进军队是由于目睹各处工人被军阀无礼的压迫，我要救中国最大多数的劳苦群众，我不能不首先打倒劳苦群众的仇敌——其实是全中国人民的仇敌——便是军阀。进军队学军事知识，就是打倒军阀的准备工作。这里面的同事大都抱着升官的目的，他们常常以此告人，再无别种抱负了！做官是现在人所最羡慕最希望的，其实做官是现在最容易的事，然而中国的国事便断送在这般人的手中！我将要率同我们最神圣最勇敢的赤卫军扫除这般祸国殃民的国妖！做官？我永不曾有这个念头！父亲也不致有这样希望（于）我吧。

我现在的身体比到此的时候更好了，每天起居饮食比上海更有秩序而且安宁。我自己极快乐，我的身体这样康强，精神上也颇觉自慰。我是最重视身体的人，知道身体不好是人生一桩最苦楚的事，社会上什么事更不用说干了。这一点尽可请父亲母亲放心。

家中现在如何？我很记念。我所最挂心者还是这些弟妹不能个个受良好的教育，使好好一个人不能养成社会上有用的人——更想到比我弟妹的命运更不好的青年们，我不能不诅咒现在的制度杀人之残惨了！我在最近的将来恐还不能帮忙家中什么，这实在没法想呢。请你们暂且恕我，我将必定要总报答我最可爱的人类！我好，祝我父亲、母亲和一切都好！

秀松

中华民国十二年[1]一月十日于福州市司埕

注 释： 〔1〕 民国十二年：即公历 1923 年。

题 解： 此信据中国国家博物馆馆藏原件复印件刊印。

作者当时追随孙中山先生从事军事斗争。这封信表明作者从事军事的目的在于打倒军阀，"救中国最大多数的劳苦群众"，而绝不是为了"升官"的崇高志向。

宋哲元

宋哲元（1885—1940），山东乐陵人。曾在冯玉祥部下任师长、总指挥、热河都统。后任国民革命军第二十九军军长、察哈尔省政府主席。1933年率部在长城抗击日本侵略军的进攻，取得喜峰口大捷。此役打破了日军不可战胜的神话，鼓舞了抗日军民的信心。1935年国民党政府与日本签订《何梅协定》，成立冀察政务委员会，任委员长。1937年7月7日日军发动"卢沟桥事变"后，率部奋起抗战。平津失陷后，任第一集团军总司令兼第一战区副司令长官。所部曾参加台儿庄、徐州等战役。1940年4月5日在四川绵阳病逝，时年55岁。

遗 墨

宁为战死鬼 不做亡国奴

宋哲元 廿二[1]、三、十五

注 释： 〔1〕 廿二：系民国二十二年，即公历 1933 年。

题 解： 这是宋哲元在长城抗战时的题词。现据影印件刊印。
题词表现了作者为挽救民族危亡，不惜抛头颅洒热血的英雄气概。

张自忠

　　张自忠（1891—1940），山东临清人。字荩忱。1911 年加入同盟会。1917 年入西北军冯玉祥部，历任排、连、营、团、旅、师长等职。1930 年任宋哲元的第二十九军三十八师师长。1933 年率部参加长城抗战。"华北事变"后，曾任冀察政务委员会委员、察哈尔省政府主席、天津市长、北平市长等职。1937 年年底任第五十九军军长。1938 年 3 月台儿庄战役中率部在鲁南临沂大败日军。后任第二十七军团军团长兼第五十九军军长、第三十三集团军总司令兼第五战区右翼兵团总指挥。1940 年 5 月在枣宜战役中率部渡过襄河，分兵截击日军，于 16 日在湖北宜城南瓜店战斗中壮烈牺牲，时年 49 岁。

致三十三集团军诸将领书

　　看最近之情况，敌人或要再来碰一下钉子，只要敌来犯，兄即到河东与弟等共同去牺牲。国家到了如此地步，除我等为其死，毫无其他办法。更相信只要我等能本此决心，我们的国家及我五千年历史之民族，决不致亡于区区三岛倭奴之手。为国家民族死之决心，海不清（枯），石不烂，决不半点改变，愿与诸弟共勉之。

　　（黄）维纲、（刘）月轩、（樊）伦山、（祝）常德、（刘）振山、（金）子烈、（刘）纯德、（　）铭秦、（张）德顺、（张）德俊、（吴）迪吉、（翟）紫封、（李）九思、（范）绍桢、（安）克敏、（杨）干三、（陈）芳芝、（于）之喆、（张）文海、（朱）春芳诸弟。

小兄张自忠手启

五．一．

|题　解：　　这封信原载《张上将自忠纪念集》。张自忠传记编纂委员会编辑，1948 年 9 月 9 日出版。

　　1940 年 5 月，日军分三路进犯湖北枣阳、襄阳、宜昌等地。7 日，张自忠率部在宜城东渡襄河截击日军。这封信是出发前的 5 月 1 日写给前线各将领的，勉励大家准备为国牺牲。5 月 16 日，张将军英勇战死沙场，将其最后一滴血献给了民族解放事业。周恩来在 1943 年 5 月 16 日为《新华日报》撰写的代论《追念张荩忱上将》一文中写道："每读张上将于渡河前亲致前线将领（指 5 月 1 日信）及冯治安将军的两封遗书，深觉其忠义之志，壮烈之气，直可以为我国抗战军人之魂！"

金方昌（1921—1940），山东聊城人。回族。1938 年春加入中国共产党。同年被派到山西代县工作，先后任区委书记、县委宣传部长、县委委员、县青救会主任、县游击大队长等职。由于汉奸告密，1940 年 11 月 23 日被日军马队捕去。残暴的敌人打断了他一只胳膊，挖去他一只眼睛。他苏醒过来后，咬破手指，用鲜血在监狱墙上写下"严刑利诱奈我何，额首流泪非丈夫"这样气壮山河、惊破敌胆的壮烈诗句，表达了共产党人宁死不屈、同敌人血战到底的英雄气概。1940 年 12 月 3 日英勇就义，时年 19 岁。

金方昌

狱中给胞兄的遗书

永昌、默生胞兄：

我于二十九年[1]十一月二十三号，在代县大西庄村被敌捕。临捕时以手枪向敌射击，弹尽将枪埋藏后拼命北跑，敌有骑兵追上被捉。我高呼中华民族解放万岁，并向敌伪演讲。

我在敌人的牢狱里、法庭上、拷打中、利诱中，始终没有半点屈服、惧怕。我在被捕后没有丝毫悲伤，我只有仇恨和斗争。我知道我是为了民族的解放、全人类的解放而牺牲。我在牢狱里向这些罪人工作着，我没有想过我再会活，也决不会活，我只有死，不过我在死前一分钟都要为无产阶级工作。

我要求哥哥们：

一、能坚决为无产阶级革命奋斗到最后胜利的时候，这不仅是你们要有这种人生观，能为这种事业干，并且得把自己锻炼成像列宁、斯大林、毛泽东一样会运用马列主义到实际中去，这样才能使自己坚持到无产阶级革命成功的时候。这里面还有这样希望，就是希望你们能在快乐的幸福的共产主义社会里生活，最后希望到那时候你们还存在。

二、要求哥哥们能把咱们的弟弟、侄侄们都能培养成无产阶级的革命战士，尤其是把七弟（尔昌）能培养成坚强的革命伟大人物。

哥哥们永别了！祝你们健康，致最后敬礼！

你的弟弟写于敌人木牢

十二月二日

注 释： 〔1〕 二十九年：即公历 1940 年。

题 解： 此遗书选自中共中央文献研究室、中央档案馆主办的《党的文献》 1990 年第 4 期。

遗书写于烈士就义的前一天。它表达了烈士"为了民族的解放、全人类的解放"宁死不屈的革命精神和对家人的殷切期望。

谢晋元

谢晋元（1905—1941），广东镇平（今蕉岭）人。1926年黄埔陆军军官学校毕业，参加北伐。1937年任国民党军陆军第八十八师第二六二旅参谋主任。"七七事变"后任该旅第五二四团副团长，率部驻防上海闸北火车站。1937年10月26日奉命率第一营四百余官兵（号称八百壮士），坚守苏州河北岸的四行仓库，掩护大部队后撤，浴血奋战四昼夜，予日军以重创。直至31日才奉命退入公共租界。1941年4月24日被叛军杀害，时年36岁。

给父母亲的信

双亲大人尊鉴：

　　上海情势日益险恶，租界地位能否保持长久，现成疑问。敌人劫夺男之企图，据最近消息势在必得。敌曾向租界当局要求引渡未果，但野心仍未死，且有不惜任何代价，必将谢团长劫到虹口（敌军根据地），只要谢团长答允合作，任何位置均可给予云云。似此劫夺为欲迫男屈节，视此为敌作牛马耳。大丈夫光明而生，亦必光明磊落而死。男对死生之义，求仁得仁[1]，泰山鸿毛[2]二旨熟虑之矣！今日纵死，而男之英灵必流芳千古。故此日险恶之环境男从未顾及，如敌劫持之日，即男成仁之时。人生必有一死，此时此境而死，实人生之快事也。唯今日对家庭不能无一言：万一不讳，大人切勿悲伤，且应闻此讯以自慰。大人年高，家庭原非富有，可将产业变卖以养余年。男二子女渐长，必使其入学，平时应严格教养，使成良好习惯。幼民姊弟均富天资，除教育费得请政府补助外，大人□[3]应宜刻苦自励不轻受人分毫，男尸如觅获，应归葬抗战阵亡将士公墓，此函俟男殉国后即可发表，亦即男预立之遗嘱也。

男晋元　谨上廿八年[4]九一八于
上海孤军营

注　释：
〔1〕求仁得仁：语出《论语·述而》"求仁得仁，又何怨？"后多用为适如心愿之意。
〔2〕泰山鸿毛：泰山是我国著名的山，在山东省。鸿毛即大雁的毛，很轻。西汉司马迁《报任安书》："人固有一死，或重于泰山，或轻于鸿

浩然正气 | 277

毛。"意思是说，人总是要死的，有人死得有意义，比泰山还重；有的人死得毫无意义，比鸿毛还轻。

〔3〕 □：此字辨认不清。

〔4〕 廿八年：即公历 1939 年。

| 题　解：　　　　此信原载《抗战军人忠烈录》第一辑。

谢晋元率部退入公共租界后，被上海租界当局羁禁。1939 年 9 月，谢晋元鉴于环境险恶，日伪屡施利诱不成，恐日后遭敌毒手，于是预立遗嘱，寄给父亲谢发香和母亲李氏。他那种以身许国、威武不屈的精神永载史册。

左权

左权（1905—1942），湖南醴陵人。1924 年入黄埔军校第一期学习，1925 年加入中国共产党。毕业后任教导团排、连长，参加东征。后赴苏联伏龙芝军事学院学习。1930 年回国后，先后任闽西红军军官学校第一分校教育长、闽西新十二军军长、红十五军军长兼政委、红一军团参谋长。1936 年 5 月任红一军团代理军团长。抗日战争爆发后，任八路军副参谋长、第二纵队司令员，参与创建华北抗日根据地及协助指挥百团大战。1942 年 5 月 25 日在山西省辽县（今左权县）与日军作战中，指挥部队掩护八路军总部突围时中弹牺牲，时年 37 岁。

给叔父的信

叔父：

你六月一号的手谕及匡家美君与燕如信均于近日收到，因我近几月来在外东跑东（西）跑，值近日始归。

从你的信中已敬悉一切，短短十余年变化确大，不幸林哥作古，家失柱石，使我悲痛万分。我以己任不能不在外奔走，家中所恃者全系林哥，而今林哥又与世长辞，实使我不安，使我心痛。

叔父！我虽一时不能回家，我牺牲了我的一切幸福，为我的事业来奋斗，请相信这一道路是光明的，伟大的，愿以我的成功的事业，报你与我母亲对我的恩爱，报我林哥对我的培养。

叔父！承提及你我两家重新统一问题，实给我极大的兴奋，我极望早日成功，能使我年高的母亲及我的嫂嫂与侄儿、女等，与你家共聚一堂，渡（度）些愉快舒适的日子。有蒙垂爱，我不仅不能忘记，自当以一切力量报与之。

芦沟桥事件后，迄今已两个多月了。日本已动员全国力量来灭亡中国。中国政府为自卫应战亦已摆开了阵势，全面的战争已打成了，这一战争必然要持久下去，也只有持久才能取得抗战的胜利。红军已改名为国民革命军，并改编为第八路（军），现又改编为第十八集团军。我们的先头部队早已进到抗日的前线，并与日寇接触。后续部队正在继续运送。我今日即在上前线的途中。我们将以游击运动战的姿势，出动于敌人之前后左右各个方面，配合友军粉碎日敌的进攻。我军已准备着以最大的艰苦斗争来与日本周旋，因为在抗战中中国的财政经济日益穷困，生产日益低落，在持久的战争中必须能够吃苦，没有坚持的持久艰苦斗争的精神，抗日胜利是无保障。

拟到达目的地后，再告通讯处。专此敬请

福安

侄：字林

九月十八晚于山西之稷山县

两位婶母及堂哥二嫂均此问安。

| 题 解： | 此信据中国国家博物馆馆藏原信手稿刊印。原信无标点，标点为编者所加。

1937 年 9 月，八路军总部部分领导人朱德、左权等率部东渡黄河开赴华北抗日前线，途经山西省稷山县时左权给叔父写了这封回信，分析了抗战形势，表达了他为革命事业奋斗终生的意愿。

张友清

　　张友清（1906—1942），原名张学静，陕西神木人。1925年加入中国共产党。1927年春入武汉中央军事政治学校学习。1928年后历任中共北平市委书记、天津市委书记、山西省委书记、晋西南区党委宣传部部长兼统战部部长、北方局统战部部长、宣传部代理部长、秘书长等职。1942年5月日军对我太行山区进行大扫荡，中共北方局机关和八路军前方总部被包围，不幸被捕，在狱中坚贞不屈，7月7日牺牲于太原日军俘虏营中，时年36岁。

给哥哥的信（节录）

……

大哥，我有一句话要对你说：我既然是一个革命党员，我的生命，自由……，我的一切就都应该交给党！党需要我怎样，我就要怎样！说的明白一点，党若是需要我去死，就毫不迟疑地去死！大哥不要以为我是着了迷，为人所愚弄。要知道要救整个的痛苦民众，就不能不有一个重大的牺牲，看！成千成万的农民工人饿死了！被残杀了！伟大的革命领袖被砍头了，被绞杀了，被枪决了！自己在世界上，算了什么？整个的问题不能解决，其它什么都是黑暗的。但是解决这整个的问题，不是空口说白话，也不是袖手旁观所能解决的。这就是革命党人（的）责任！我没有按时写信，我不忍心不（又）让你们着急。因为这是很合人情的，就是我自己也并不是完全忘了你们，但是为了革命，我不能不向你们要求，对于我不要太悬念的利（厉）害了。

学静　七月七日

题　解： 此信据中国国家博物馆馆藏原信手稿节录刊印。

这封信写于1927年，当时中国正处在大革命失败后的白色恐怖笼罩之下。作者在此信中斩钉截铁地表达了为党、为劳苦大众不惜牺牲自己生命的决心，字里行间充满了对党和人民的无限热爱和对国民党黑暗统治的痛恨。

再写回信，当我接着那封信之后，隔一天就离向武汉，到线外者一月
余的光景，在这个时间，未实在想念你，所以拿笔来，回接心不几天就
接到大哥後来以第二信，折阅之後，使我一面难受，一面高兴，难受因我没有
写信，使你中老却对我加以思念，高兴同时又知道许多未及家的情形
又使我那高兴。

家的一切都此前的安商，身体心都平稳此影。

大哥：我有一句話要对你说，既然是一个革命党员家的生命，
自由，一家的一切就都应该求信党，党需要我怎样，我就要怎样，
说的明白一点，党若是需要我去死，就毫不迟疑地去死！大哥不要
以为我生着活，古人说愚弟，要知道要救整个的痛苦民众，就必须牺
为一个应大的牺牲，有成不成就此意民工人，铁死了！被残杀了！伟
大的革命领袖被砍头了，被绑杀了，被枪决了！自己在世界
上等了什么？整个的问题不能解决，其他什么都是黑暗
的，但是解决此的问题，不是空口说白话，也不是袖手旁
观此等解决的，这就是革命党人责任！我没有路此
写信，我想心不让你们着急，因而己是很合人情的，就
主我自己，也不是完全忘了你们，但是为了革命，我只能不
向你们要求对于我不要太悬念的利害了，並不是我只需

《给哥哥的信》手迹

毛泽民

　　毛泽民（1896—1943），湖南湘潭韶山冲人。毛泽东的大弟弟。1922年加入中国共产党。曾在安源从事工人运动，是安源路矿工人消费合作社的负责人之一。1925年4月到广州参加第五届农讲所学习。后在上海、武汉、天津等地从事党的秘密工作。1931年7月进入中央革命根据地，任闽粤赣军区经济部部长、中华苏维埃共和国国家银行行长、国民经济部长等职。1938年到八路军驻新疆办事处开展抗日民族统一战线工作，先后任新疆省政府财政厅副厅长、代理厅长、民政厅长等职。1942年9月被军阀盛世才逮捕，次年9月27日被杀害，时年47岁。

给新疆医务工作者的题词

新政府培养下的医药干部，要切实担负起新政府所付与对全疆民众保健使命，以期在胜利的基础上，争取保健事业更高的发展。

周彬[1] 题

注　释： 〔1〕周彬：毛泽民在新疆时的化名。

题　解： 此题词据影印件刊印。

毛泽民在任新疆省政府民政厅长期间，为发展新疆医疗卫生事业，减少疾病和瘟疫对农、牧民的威胁，曾创办了一所医药速成学校。这是当时他给医务工作者的题词。

邹韬奋

邹韬奋（1895—1944），江西余江人。1922年任中华职业教育社编辑股主任。1926年在上海主编《生活》周刊。"九一八事变"后，反对国民党的不抵抗政策。1932年创办生活书店，出版进步刊物。1933年初参加中国民权保障同盟，任执行委员。同年7月，遭国民党政府迫害流亡海外。1935年8月回国后，参加抗日救亡运动，先后创办《大众生活》《生活日报》，主张停止内战，团结御侮，并担任全国各界救国联合会执行委员。1936年与沈钧儒等被国民党当局逮捕。1937年全国抗战开始后获释，先后在上海、汉口、重庆主编《抗战》《全民抗战》。"皖南事变"后，为避国民党当局迫害出走香港，后进入苏北解放区。1944年7月24日病逝于上海，时年49岁。中共中央根据他生前的申请，追认他为中共党员。

对国事的呼吁

我自愧能力薄弱，贡献微少，二十年来追随诸先进，努力于民族解放、民主政治和进步文化事业，竭尽愚钝，全力以赴，虽颠沛流离，艰苦危难，甘之如饴。此次在敌后根据地视察研究，目睹人民的伟大斗争，使我更看到中国光明的未来。我正增加百倍的勇气和信心，奋勉自励，为我伟大祖国与伟大人民继续奋斗。但三四年来，由于环境的压迫，我的行动不能自由，最近更不幸卧床经年，呻吟床褥，不得不暂时停止我卅余年来，几日不停挥，用笔管为民族解放人民自由及进步文化事业呼喊倡导的工作。我个人的安危早置度外，但我心怀祖国，眷念同胞，苦思焦虑，中夜彷徨，心所谓危不敢不告。故强支病体，以最沉痛迫切的心情，提出几个当前最严重的问题，对海内外同胞，作最诚挚恳切的呼吁，希望共同奋起，各尽所能，挽此危机，保卫祖国。

民国三十二年十月二十三日写于病榻

韬奋

题 解： 据中国国家博物馆馆藏手稿复制件刊印。原文无标点，标点为编者所加。

1943 年 10 月，邹韬奋正卧病于上海红十字医院。当他听到国民党撤退河防，调集大军准备进攻陕甘宁边区的消息时，愤不可抑，亲笔写下这篇对国事的呼吁。表达了他对抗战前途与祖国命运的关怀。病中的邹韬奋还表达了自己为民族解放、人民自由及进步文化事业而奋斗的决心。

李少石

李少石（1906—1945），广东新会人。1925年加入中国共产主义青年团。1926年加入中国共产党。1927年大革命失败后奉调香港、上海做秘密交通工作。1930年在香港建立秘密交通站，担负中央苏区和党中央所在地上海之间的联络工作。1932年被调回上海。1933年春被捕入狱，曾囚于南京及苏州反省院，1937年经中共中央交涉获释。抗日战争时期，先在港澳工作，后赴重庆，在八路军驻渝办事处任秘书。1945年10月8日，他乘办事处汽车去沙坪坝路经红岩嘴时，遭国民党士兵枪击，不幸中弹牺牲，时年39岁。

遗诗五首

寄　内

一朝分袂两相思，何日归来不可期；
岂待途穷方有泪，也警时难忍无辞。
生当忧患原应尔，死得成仁未足悲；
莫为远人憔悴尽，阿湄犹赖汝扶持。

南京书所见

丹心已共河山碎，大义长争日月光；
不作寻常床箦死，英雄含笑上刑场。

寄　母

赴义宁遑计养亲，时危难作两全身；
望将今日思儿泪，留哭明朝无国人。

九一八感怀

江南塞北尽烽烟，大梦犹酣事已迁；
遥对黄河怀黑水，不胜惆怅四年前。

出　狱

乍见人间一境新，万千感集楚囚身；
荆榛障道家犹远，烽火连云国半湮。
弹指三年阿鼻狱，伤心何日太平民；
萦怀不尽兴亡恩，野草岩花看未真。

题 解： 这五首诗是李少石被囚期间在狱中所写，现据中国国家博物馆馆藏手稿原件刊印。

李少石虽身陷囹圄，但却"五载闹屋志不摧"（国民党元老柳亚子为李少石作《誓墓行》语），置个人生死于度外，日思夜想的是人民的疾苦与国家的安危。

冼星海

冼星海（1905—1945），广东番禺人。曾在岭南大学、北京大学音乐传习所、上海国立音乐学院学习。1931 年以优异成绩考入法国巴黎音乐学院。1935 年毕业后回国，在上海积极参加抗日救亡运动，进行抗日文艺宣传。1938 年底到延安，1939 年 5 月任鲁迅艺术学院音乐系主任，同年 6 月加入中国共产党。1940 年 11 月，受党中央委托到莫斯科完成抗日新闻纪录片《延安与八路军》的作曲配音任务。生平创作极为丰富，谱写有《救国军歌》《热血》《保卫卢沟桥》《在太行山上》《到敌人后方去》《生产运动大合唱》《黄河大合唱》和歌剧《军民进行曲》、交响乐《民族解放》等著名歌曲，对全国军民的抗日救国起了很大鼓舞作用。周恩来称赞《黄河大合唱》"为抗战发出怒吼，为大众谱出呼声！"1945 年10 月 30 日病逝于莫斯科，时年 40 岁。

给妻子的信

玲：

匆匆别后不觉已届两度寒暑，两地遥隔，能不依依！时藉秋凉，尤望加珍重。别后想必学业进步，身体健康。我在这里身体比前健壮硕大，精神健全，食欲增加，工作更比以前进步，见识亦较以前广泛，身心非常愉快。

妮娜[1]在你殷勤爱护之下，必定很幸福地过她的生活，亦必比以前更天真活泼了。她这一副小面孔，我时常都怀念着她。今年她是两岁了，长大一些还是送她到幼稚园，免得你分心，有碍工作和学习。

我们今后更要进一步的锻炼自己，尤其在处事、待人、接物的各方面。我总有这样的感想，我们一天比一天进步，但我们在现在的环境，应该更努力去学习和工作。比学习和工作更重要的就是锻炼自己的不屈不挠的精神，苦干和谦虚的精神，我相信你比我做得更好，我时常提及无非就是勉励我们加紧□□[2]常生活。的确地我在将近两年的时间，我得到许多宝贵的教训和经验，我想在不久，我们可以见面团聚彼此交换一些过去经验和意见，又是何等愉快的事呢。现在你更要安心工作，我回来时必定带给你许多安慰和愉快。

妈妈生活不知到（道）怎样？！我怀念着她如同怀念着你们一样，我深怕老人家生活又成问题！你是否仍然每个月给她写信？我相信你一定做了。我记得我从前在上海的时候，百代公司[3]还欠我一些唱片的版税，而今乙（已）是四年了，这匹（笔）钱积蓄起来亦不少，如果能想办法写信托上海友人去代取，把钱交妈妈维持生活，亦是一个好办法。你可记得这一件事，不然老人家在上海是孤苦无靠的怎样度过这样的生活呢？

　　或许你明白我为什么许久没有给你写信的原故，现在因有机会可以带信，顺便写了几行，聊解你和妮娜的远念，愿努力、珍重

　　代候好友们的安好，不另

黄训[4]

九 . 一八，一九四一年

注　释：

〔1〕　妮娜：冼星海的女儿。

〔2〕　□□：此处两字辨认不清。

〔3〕　百代公司：即"东方百代唱片公司"。20 世纪 30 年代前由法商在上海开设，1930 年转让给英商经营。1935 年冼星海从法国回国后受任光（百代公司音乐部主任）之邀，进入百代公司工作，不久辞职。

〔4〕　黄训：冼星海曾用名。

题　解：

这封信据中国国家博物馆馆藏原件刊印。

这是冼星海在苏联写给妻子钱韵玲的信，勉励妻子努力学习、工作，并要锻炼坚强的革命意志、培养苦干和谦虚的精神。嘱咐她照顾好女儿和居住在上海的慈母的生活。表达了人民音乐家冼星海的精神境界及对妻女和母亲的一片爱心。

叶挺

　　叶挺（1896—1946），广东惠阳人。1918年毕业于保定陆军军官学校，同年加入中国国民党，曾任孙中山的警卫团营长。1924年赴苏联学习，1925年加入中国共产党。1925年9月回国到广州，任国民革命军第四军参谋处处长，参与组建以共产党员为骨干的第四军独立团，任团长。1926年5月率第四军独立团参加北伐战争，战功卓著。大革命失败后，参加领导南昌起义，后参加领导广州起义，任工农红军总司令。起义失败后去国外，失掉与党的关系。抗日战争爆发后回国，出任新四军军长。1938年率部挺进华中敌后，开展游击战争，创建抗日根据地。1941年1月在"皖南事变"中被国民党所扣，在狱中坚贞不屈。1946年3月4日经中共中央营救出狱，次日致电中共中央请求重新加入中国共产党，7日中共中央复电批准。同年4月8日由重庆赴延安途中，因飞机失事在山西兴县黑茶山遇难，时年50岁。夫人李秀文、女儿扬眉、幼子阿九同机遇难。

囚　诗

为人进出的门紧锁着，
为狗爬走的洞敞开着，
一个声音高叫着：
爬出来呵！
给尔自由！
我渴望着自由，
但也深知到〔道〕人的躯体那〔哪〕能由狗的洞子
爬出！
我只能期待着那一天
地下的火冲腾，把这活棺材和我一齐烧掉，
我应该在烈火和热血中得到永生。

六面碰壁居士

卅一〔1〕、十一、廿一、

注 释：　〔1〕 卅一：指民国三十一年，即公元 1942 年。

题 解：　此诗据中国国家博物馆馆藏手稿原件刊印。

这首诗是叶挺给郭沫若信中附上的。对于这首诗，郭沫若曾写道："这里燃烧着无限的愤激，但也辐射着明澈的光辉，这才是真正的诗。假使有青年朋友要学写诗的话，我希望他就从这样的诗里学。……他的诗是用生命和血写成的，他的诗就是他自己。"

進出的門緊鎖着，

二狗爬走的洞敞開着，

一個声音高叫着：爬出來呵！给你自由！

我渴望着自由、但也深知到人的軀

體那能由狗的洞子爬出！

我只能期待着那一天

地下的火衝騰把這活棺材和我

一齊燒掉，我應該到火和热血中

得到永生。

六面碰壁居士　廿一、十一、廿一、

《囚诗》手迹

致中共中央电

毛泽东同志转中国共产党中央委员会：

我已于昨晚出狱[1]。我决心实行我多年的愿望，加入伟大的中国共产党，在你们的领导之下，为中国人民的解放贡献我的一切。我请求中央审查我的历史是否合格，并请答复。

叶挺（签字）

三月五日

（选自 1946 年 3 月 9 日《解放日报》）

注 释： 〔1〕 1946 年 3 月 4 日，由于中共中央的极力营救及各方面代表的强烈要求，国民党当局被迫释放了叶挺。当晚，叶挺被送到重庆中共代表团驻地，受到了董必武、王若飞、秦邦宪，以及许多工作人员和友好人士的热烈迎接。

题 解： 抗战爆发后，叶挺经历了艰苦的抗日游击战争，也亲身经历了国民党政府限制新四军的发展，制造"皖南事变"及被扣押后五年多的监禁，更加坚定了为民族独立、人民解放事业奋斗终生的志向，因此，在获释的第二天即致电毛泽东和中共中央，要求实现他多年的愿望，加入中国共产党。1946 年 3 月 7 日，中共中央复电叶挺："亲爱的叶挺同志：五日电悉。欣闻出狱，万众欢腾。你为中国民族解放事业进行了二十余年的奋斗，经历了种种严重的考验，全中国都已熟知你对民族与人民的无限忠诚。兹决定接受你加入中国共产党为党员，并向你致热烈的慰问与欢迎之忱。"

邓发

　　邓发（1906—1946），广东云浮人。早年从事工人运动，1922 年参加香港海员工人大罢工，1925年参加省港罢工委员会工作，同年加入中国共产党。后参加北伐战争。大革命失败后，历任中共香港市委书记、广州市委书记、闽粤赣边特委书记兼军委主席等职。1931 年 7 月到中央苏区，先后任中共苏区中央局委员、中华苏维埃共和国中央执行委员、中共中央政治局候补委员。抗日战争时期，历任中共驻新疆代表、中共中央党校校长、中央职工运动委员会书记、解放区职工联合会筹备会主任。1945年 9 月，代表中国解放区职工出席巴黎世界职工联合会成立大会，当选为世界职工联合会理事会理事和执行委员。1946 年 1 月回国。同年 4 月 8 日由重庆返延安途中，因飞机失事在山西兴县黑茶山遇难，时年 40 岁。

给碧群的信

碧群[1] 弟：

三月廿一日信已收到，你希望到大学读书，我非常赞成，而且我一定负责你到大学读书的一切！当我答复你二月十九日来信时，已把目前交通困难情形告诉你了，现在的问题不是能不能送你入大学的问题，实因交通困难，无法叫你立即来。只要交通方便，我当即通知你，请放心！

我本想送支钢笔及名画[2]给你，无奈邮政无法寄，拟待朋友赴港时再托人带给你。以后我陆续先寄些书给你。我不久即到京、沪[3]，望接此信后，不要再寄信来渝[4]，到京沪后当另告新的通信处给你。

你希望我清明回乡扫墓，我也曾这样想过，但交通困难及锁〔琐〕事繁冗，致不能成行，奈何！我虽久别了故乡，但我时刻怀念故乡，留恋故乡，想念着兄弟父老。你说他们也一样怀念我，这样久他们还没有把我忘掉，真使我感到无限快慰！

碧群弟：你虽然未见过我，但你信上所说别人所讲的我大概也差不多了，你羡慕他这样一个漂流的人，你不怕陷于一样的漂流吗？如果你真不怕漂流，敢于别开你温暖的家庭，我当然愿同你到海洋，到天空去漂流，像哥伦布[5]一样，一直漂流到理想的新大陆！我真挚地期待着！

祝你
春天快乐！

云[6] 8/4、46
于渝

接信望即告燊熙两兄亦不要寄信来渝，以后直寄京沪新址为盼！又及

|注　释：|

〔1〕　碧群：即邓碧群，邓发的堂弟，时在香港读书。

〔2〕　名画：当时邓发刚自欧洲归来，带回一些印有欧洲名画的画片，准备分赠友人。

〔3〕　京、沪：南京、上海。

〔4〕　渝：重庆。

〔5〕　哥伦布（约1451—1506）：意大利航海家。生于热那亚，1476年移居葡萄牙，1485年移居西班牙。1492年率船三艘从巴罗斯港启航，横渡大西洋，到达巴哈马群岛及古巴、海地等岛。后又三次西航到达牙买加、波多黎各及中美、南美洲大陆沿岸地带，误认为抵达了印度，故称当地居民为"印第安人"。晚年贫病交加，抑郁而死。

〔6〕　云：邓发的别名。

|题　解：|

此信据中国国家博物馆馆藏原信手稿刊印。

这封信写于1946年4月8日，即邓发自重庆赴延安途中因飞机失事遇难的同一天，这便成为邓发最后的遗信了。信中充满了对故乡和亲人的深切怀念和关心。

关向应

　　关向应（1902—1946），辽宁金县人。满族。1924 年加入中国社会主义青年团。同年冬赴苏联莫斯科东方劳动者共产主义大学学习。1925 年在莫斯科加入中国共产党。1928 年中共六大上被选为中共中央委员，会后又被选为中央政治局候补委员，并任共青团中央书记。1932 年任中共湘鄂西中央分局委员、湘鄂西革命军事委员会主席团成员、中国工农红军第三军政委。1934 年 10 月任红二军团副政委。1935 年与贺龙、任弼时等指挥红二、六军团开始长征。长征途中，同张国焘分裂党和红军的行径进行斗争，后任红二方面军政委、中共中央革命军事委员会委员。抗战爆发后，历任八路军一二〇师政委，晋西北军区、陕甘宁晋绥联防军政委、中共晋绥分局书记。在中共七大上当选为中央委员。1946 年 7 月 21 日在延安病逝，时年 44 岁。

给叔父的信

叔父尊前：

　　谕书[1]敬读矣。寄家中的信之可疑耶？固不待言，在侄写信时已料及家中必为之疑异，怎奈以事所迫，不得不然啊。侄之入上海大学[2]之事，乃系确实，至于经济问题，在未离连[3]以前，已归定矣！焉能一再冒昧？当侄之抵沪为五月中旬，六月一日校中即放假，况且侄之至沪，虽系读书，还有一半的工作，暑假之不能住宿舍耶，可明了矣。至于暑假所住之处，乃系一机关，尤其是秘密机关，故不恣意往还信件，所谓住址未定，乃不得已耳。

　　至侄之一切行踪，叔父可知一二，故不赘述。在此暑假中，除工作外，百方谋画（划），始得官费赴俄留学，此亦幸事耶。侄此次之去俄，意定六年返国[4]，在俄纯读书四年，以涵养学识之不足，余二年，则作实际练习，入赤俄军队中，实际练习军事学识。至不能绕道归家一事，此亦憾事。奈事系团体，同行者四五人，故不能如一人之自由也，遂同乘船车北上，及至奉天[5]、哈尔滨……等处，必继续与家中去信，抵俄后若通信便利，当必时时报告状况，以释家中之念。

　　侄此次之出也，族中邻里之冷言潮词，十六世纪以前的人，所不能免的。家中之忧愤，亦意中事，"儿行千里母担忧"之措词（辞），形容父母之念儿女之情至矣尽矣，非侄之不能领晤〔悟〕斯意，以慰父母之暮年，而亨（享）天伦之乐，奈国将不国，民将不民何？"天下兴亡，匹夫有责"，爱本斯义，愿终生奔波，竭能力于万一，救人民于屠（涂）炭，牺牲家庭，拼死力与国际帝国主义者相反抗，此侄素日所抱负，亦侄唯一之人生观也。

以上的话并非精神病者之言，久处于〔此处原稿涂掉廿余字，旁注"这一段不能明写，领会吧！"——编者〕出外后之回想，真不堪言矣，周围的空气，俱是侵略色彩，黯淡而无光的，所见之一切事情，无异如坐井观天。最不堪言的事，叔父是知道的，就是教育界的黑暗，竟将我堂堂中华大好子弟，牺牲于无辜之下，言之痛心疾首！以上是根据侄所受之教育，来与内地人比较的观察，所发的慨语！叔父是久历教育界的，并深痛我乡教育之失败，也曾来内地视察过，当不至以侄言为过吧。

临了，还要敬告于叔父之前者，即是：侄现在已彻底的觉悟了，然侄之所谓之觉悟，并不是消极的，是积极的，不是谈恋爱，讲浪漫主义的……，是有主义的，有革命精神的。肃此，并叩

金安

侄向应禀

（改名向应）^[6]

成顺叔父尊前：

代看完交成羽叔父。肃此敬请

金安

侄向应禀

家中还恳请叔父婉转解释以释念

注 释：　〔1〕 谕书：谕，上告知下的通称。此处指叔父的来信。

〔2〕 上海大学：20 世纪 20 年代初中国共产党和国民党合作在上海创办的培养革命干部的大学。1922 年由原私立东南高等专科师范学校改组而成立。由国民党人于右任出任校长，1923 年共产党人邓中夏任校务长。瞿秋白、蔡和森、陈望道、恽代英、萧楚女、张太雷等许多共产党员先后在该校任教。

〔3〕 连：指大连。关向应在大连秘密加入共青团不久，即从大连赴上海大学学习。

〔4〕 意定六年返国：1924 年年底关向应到达莫斯科，入东方劳动者共产主义大学学习。1925 年"五卅运动"爆发后，由于国内斗争的需要，即被调回国，到上海参加中国共产主义青年团的工作。实际在苏联学习仅半年多。

〔5〕 奉天：今辽宁沈阳市。

〔6〕 改名向应：关向应原名关治祥。

题 解：　原信未写时间，从该信所用信笺系"上海闸北市民协会公用笺"及信中所述，可推知此信写于 1924 年秋赴苏联学习之前。现据中国国家博物馆馆馆藏原信复制件刊印。

此信是写给叔父关成玉的。信中抒发了自己救国救民的远大抱负，表达了一个革命者对共产主义的坚定信仰和崇高的革命精神，并希望得到家庭、亲属的理解和支持。

李公朴

　　李公朴（1902—1946），江苏常州人。原名永祥，号晋祥。后改名公朴，号仆如。中国民主同盟中央执行委员。曾参加五卅运动和北伐战争，后赴美国学习。1930年回国后，在上海先后创办流动图书馆、业余补习学校。1934年创办《读书生活》半月刊，次年扩大为读书生活出版社，出版马克思主义经典著作，宣传抗日救国。1936年被推选为全国各界救国会执行委员，同年11月与沈钧儒、邹韬奋等被国民党政府逮捕，抗战爆发后出狱。后赴西北、华北、西南等地进行抗日活动，创办《全民》周刊及北门书屋（后扩充为北门出版社）。抗战胜利后，积极从事争取和平民主的斗争。1946年7月11日，在昆明被国民党特务暗杀，时年44岁。

不怕失败只要认识错误（节录）

我们应该清楚的理解任何一件事，在开始创设的初期，都难免发生许多错误，有人说，人是在不断的病苦中长大的，事业是在不断的失败中成功的，只要我们能够认识错误，接受教训，继续不断的努力。……

题 解： 此题词据中国国家博物馆馆藏手稿节录刊印。

据内容分析题词写于 1938 年。全国抗战爆发后，各方面工作刚刚开展。在如何组织民众等抗日发动工作方面还存在一些缺陷甚至错误。如何认识与对待这些前进中产生的问题，李公朴的题词向人们提供了正确的思路。

罗世文

罗世文（1904—1946），四川威远人。1923年加入中国社会主义青年团。1925年转为中共党员。后赴苏联中山大学学习。1928年回国后，从事兵运工作，领导士兵和农民暴动。1930年后，历任中共四川临时省委宣传部部长、军委书记，四川省委书记，中共川陕苏区省委委员。曾被张国焘逮捕监禁，直到1936年10月红军长征会师后才获自由。抗日战争爆发后，被派往四川做统战工作，先后任中共四川临时工作委员会书记、川康特委书记等职。1940年3月在成都被国民党当局逮捕，在狱中坚持斗争，组织中共临时支部，任书记。1946年8月18日在重庆原中美合作所被害，时年42岁。

狱中给党组织的信

　　据说将押往南京，也许凶多吉少！决面对一切困难，高扬我们的旗帜！

　　老宋[1]处尚留有一万元，望兄等分用。

　　心绪尚宁，望你们保重、奋斗！

世文

八月十八正午

注　释：　〔1〕　老宋：即宋绮云（1904—1949），江苏邳县人，1927年加入中国共产党，1931年至1937年在杨虎城部第十七路军机关报《西北文化日报》任副社长兼总编辑，1941年被捕，1949年9月6日在重庆被杀害。

题　解：　此信根据中国国家博物馆馆藏手稿复制件刊印。

　　1946年8月17日，渣滓洞看守所副所长刘捆乾放出话，说国民党政府要把罗世文等转到南京。狱中难友信以为真，很为他们高兴。但是，罗世文却清醒地意识到，是自己献出生命的时候了。他把自己和支部多年积存下来的一万元悄悄交给了宋绮云作为党的活动经费。在扯下的1942年莫斯科真理出版社出版、米哈伊尔·肖洛霍夫著《仇恨的科学》一书的扉页上写下了此信，写成后放入皮鞋夹底，将鞋送给难友孙壶东、韩子栋，日后转交党组织。这封信充分表现了罗世文在面临生与死的考验时，坚持党性原则的铮铮铁骨和从容不迫。

罗世文手迹

闻一多

闻一多（1899—1946），湖北浠水人。本名闻家骅，号友三。1922 年赴美留学。1923 年出版诗集《红烛》。1925 年回国，先后在北京艺术专科学校、青岛大学、清华大学等处任教。1928 年与徐志摩等创办《新月》杂志，加入新月社。抗战时期，任西南联合大学教授。1943 年后参加反对独裁、争取民主的斗争。抗战胜利后，任中国民主同盟中央执行委员、云南支部宣传委员。1946 年 7 月 15 日在李公朴的追悼会上发表演说，随即在昆明街头被暗杀，时年 47 岁。

一二·一运动始末记（节录）

闻一多

一二·一是中华民国建国以来最黑暗的一天，但也就在这一天，死难四烈士的血给中华民族打开了一条生路。从这天起，在整整一个月中，作为四烈士灵堂的联大图书馆，几乎每日都挤满了成千成万，扶老携幼的致敬的市民，有的甚至从近郊几十里外赶来朝拜烈士们的遗骸。从这天起，全国各地，乃至海外，通过物质的或精神的种种不同的形式，不断地寄来了人间最深厚的同情和最崇高的敬礼。在这些日子里，昆明成了全国民主运动的心脏，从这里吸收着也输送着愤怒的热血的狂潮。从此全国的反内战、争民主的运动，更加热烈的展开，终于在南北各地一连串的血案当中，促成了停止内战，协商团结的新局面。

愿四烈士的血是给新中国的历史写下了最初的一页，愿它已经给民主的中国奠定了永久的基石！如果这愿望不能立即实现的话，那么，就让未死的战士们踏着四烈士的血迹，再继续前进，并且不惜汇成更巨大的血流，直至在它面前，每一个糊涂的人都清醒起来，每一个怯懦的人都勇敢起来，每一个疲乏的人都振作起来，而每一个反动者都战栗的倒下去！

四烈士的血不会是白流的。

题 解： 此件根据中国国家博物馆馆藏原件刊印。

1945 年 11 月 25 日，昆明 6000 余名大、中学生在西南联大举行反内战时事晚会，遭国民党军警包围、恫吓。各校 3 万余名学生于次日起罢课。12 月 1 日，国民党云南当局出动军警特务镇压，致使 4 人遇难，数十人受伤，酿成震惊全国的"一二·一"惨案。1946 年 2 月，爱国民主人士、西南联大教授闻一多为"一二·一"烈士墓撰写此碑文，刻于四烈士墓前柱子上。此文详述惨案经过，抨击了国民党独裁、内战政策。后将手稿寄往北平，准备刊入《文艺工作》。同年 7 月 15 日闻一多被国民党特务暗杀。11 月，该刊主编之一光未然（张光年）于北平题跋。

李德光

李德光（1918—1947），广东台山人。出身于华侨工人家庭。1938年加入中国共产党，历任中共密冲支部书记、北区区委书记、恩平县委宣传部部长、台山人民抗日游击队第二中队指导员、广东人民抗日解放军第四团政治处主任。抗日胜利后，第四团部分干部北撤，李德光奉命留下进行隐蔽活动。1947年3月16日在汶村大迳口与敌遭遇，不幸被捕。在狱中受尽严刑拷打、威逼利诱，坚贞不屈。4月6日牺牲狱中，时年29岁。

狱中寄妻

三·二九前一日 于台山监狱

人生自古谁无死，惟比泰山抑鸿毛，

情兮"利"[1]兮何者重？重利轻离意泰然。

忍看妻雏成孤寡，留待日后享富荣，

凄苦一时何足惜，且愿收泪待黎明。

| 注 释： 〔1〕 利：暗语。指革命利益。

| 题 解： 此诗据手稿影印件刊印。

此诗写于作者就义前一周，表现了视革命利益高于一切的高尚
品质。

续范亭

续范亭（1893—1947），山西崞县（今原平县）人。曾参加辛亥革命和反对北洋军阀的战争。先后任国民军第三军第六混成旅旅长、国民军联军军事政治学校校长、西安绥靖公署驻甘肃行署参谋长、陆军新编第一军中将总参议等职。"九一八事变"后，呼吁抗日，要求蒋介石停止内战，又同于右任一起向国民党中央陈述抗日救国大计，仍"毫无补益"，愤而在南京中山陵园剖腹自杀，震动全国。遇救后，继续奔走抗日。抗战初期任第二战区民族革命战争战地总动员委员会主任委员，后与共产党人合作创建山西新军任总指挥，和八路军配合开辟了晋西北抗日根据地。后任晋西北行政公署行署主任、晋西北军区副司令员等职。1947 年 9 月 12 日，病逝于晋绥边区临县，享年 54 岁。中共中央根据他的遗愿追认他为中国共产党正式党员。

绝 命 诗

一

赤膊条条任去留，丈夫于世何所求？
穷恐民气摧残尽，愿将身躯易自由。

二

谒陵我心悲，哭陵我无泪。
瞻拜总理灵，寸寸肝肠碎。
战死无将军，可耻此为最。
腼颜事寇仇，瓦全安足贵？

三

剑有锋芒刃，士有智勇仁。
自古人与物，体用若君臣。
霍霍小匕首，锐利似军兵。
无术施东海，宁肯刺国人！

四

三岛切腹士，东海大和魂。
悲壮牺牲者，不出王侯门。
宇宙谁为贵？大地我独尊！
无畏精神在，身死国犹存。

五

灭却虚荣气，斩删儿女情。
涤除尘垢洁，为世作牺牲。

此诗据影印件刊印。

这是 1935 年 12 月 26 日下午 5 时，续范亭在南京中山陵剖腹自杀前写的绝命诗，表现他面对日本帝国主义的侵略和民族的危难，忧国忧民，决心不惜牺牲自己的爱国主义情操。

杜斌丞

　　杜斌丞（1888—1947），陕西米脂人。早年从事教育工作。1936年"西安事变"后，曾任国民党西北军杨虎城部总参议，陕西省政府秘书长。抗日战争时期，先后在成都、重庆、昆明、西安等地参加抗日民主运动。抗战胜利后，任中国民主同盟中央常委兼西北总支部主任委员，坚持争取和平民主的斗争。1947年3月20日被国民党政府逮捕，同年10月7日在西安被害，时年59岁。

狱中给亲友的信

建白[1]弟鉴：

近日此间情况恶化，事急时迫，未知前致居恭[2]之函，已否转达？兄困幽数月，诸病交作，日益沉重，自想三十年来，无日不为民主而奋斗！反动诬陷，早在意中，个人死生，已置度外。彼独裁暴力，虽能夺我革命者之生命，绝不能阻挠人类历史之奔向光明，终必为民主潮流所消灭也。惟望人民共起自救，早获解放自由，则死可瞑目矣。请转告诸生至友，共同努力，以期实现合理平等之社会国家，则公理正义，自可伸张于天地之间。居恭遭遇至苦，弟应多去照料，并通知鸿模[3]，此时不必返陕，良民[4]随兄受害，令人悯痛，现在究押何处？设法营救，为要。呜呼！悲愤交集，言不尽意，吾弟知我最深，务须珍重。信及款袜，均已收到。

兄斌十月五日

注 释：
[1] 建白：即高建白，杜斌丞的表弟。
[2] 居恭：即高居恭，杜斌丞长子杜鸿范的妻子。
[3] 鸿模：即杜鸿模，杜斌丞次子。
[4] 良民：即杜良民，杜斌丞多年的随从，杜斌丞牺牲后不久亦被国民党当局杀害。

题 解： 1947 年 3 月，国民党在重点进攻中共解放区的同时，加紧了对后方民主人士的迫害。3 月 20 日，国民党西安当局以"贩卖毒品"的罪名，将中国民主同盟西北总支部主任委员杜斌丞逮捕下狱。10 月 7 日，将其杀害。这封信是杜斌丞在狱中写的最后遗书，几经周折，送到亲友手中时已是 11 月 2 日，民盟即将此信印制分发，以为纪念。

杜斌丞在信中追忆了自己三十余年来为民主而战的历程，痛斥了国民党当局的独裁统治，号召全国的仁人志士，前仆后继，建立民主的新中国，表现了他舍弃生命追求民主的革命精神，抒发了他对民主光明社会的渴望。

冯玉祥

　　冯玉祥（1882—1948），安徽巢县人。辛亥革命时曾参加过滦州起义。1924年发动北京政变，将部队改编为国民军，任国民军总司令兼第一军军长，后任国民军联军总司令，参加北伐。1926年赴苏联考察，加入国民党，9月回国，率国民军联军在五原誓师，参加北伐，任国民革命军第二集团军总司令。1928年任国民党政府行政院副院长、军政部长。1929年起反蒋。"九一八事变"后，积极主张抗日。1933年5月与中共合作，在张家口组建察哈尔民众抗日同盟军，任总司令，率部收复失地。1936年任国民政府军事委员会副委员长。抗战爆发后，任第三、第六战区司令长官，旋被解职。抗战胜利后，反对蒋介石的内战、独裁和卖国政策。1946年赴美国考察水利。1948年8月22日回国参加新政协筹备工作途中，在黑海苏联敖德萨港附近海面因轮船失火遇难，时年66岁。

给儿女的信

弗伐洪志爱儿：

许久未给你们写信，也许久未接到你们的信，不知道你们的身体及读书的情形如何，真是有些不放心啊！

我同你母亲在山西住，一家人口均好，你们可以放心，不必惦念。

日前你大哥同你大嫂均来山西看我们，住了几天，他们二人又回日本读书去了。

你大姐同你大姐丈，他们均在天津住，亦很好。

盼望你们要安心读书，要作有志气的人，要作有硬骨头的人。不可存利己心，要刻刻存一利他的心，不可占便宜，要救人之难。要不怕死，要不怕危险。要存心为大多数的人谋最大的利益。一切衣食住均须平民化，要同农民工人家的学生一样，不要有一点少爷小姐的思想与行为，不要有一点富家子女的样子。此话盼你们切实记着，并去实行，不可忘了！不可忘了！并问你们的先生们均好。

父母手此二十[1]、九、六

山西汾阳

注 释： 〔1〕 二十：即 1931 年。

题 解： 此信据中国国家博物馆馆藏手稿复制件刊印。

1930 年 10 月 8 日，冯玉祥因在中原大战中失败，通电下野。这封信是他隐居山西汾阳时与夫人李德全写给女儿冯弗伐、儿子冯洪志的。他在信中谆谆告诫儿女要作有志气的人，莫要有特殊化的思想与行为，而应与工人农民家的孩子一样；要谦虚待人，为大众谋利益，表现了冯玉祥对子女的严格要求，也是他人生观的体现。

手书条幅

现今人死大约不外四种：病死、老死、作亡国奴而被日本人杀死和拼命杀日本鬼子而战死。同一死也，其价值有天地之分，只有打日本死，是为国死，是重于泰山的死。

冯玉祥

三八、一、四

题　解：　此条幅据中国国家博物馆馆藏原件手迹刊印。标点为编者所加。

抗日战争爆发后，冯玉祥积极主战，但却不受重用，有职无权，心情抑闷。这是他被解除第六战区司令长官后，在武汉写的条幅，反映了他不甘屈首做亡国奴的民族气节和为国而战的生死观，号召全国军民奋起抗日，打败日本侵略者。

朱自清

　　朱自清（1898—1948），浙江绍兴人，生于江苏东海。1920 年毕业于北京大学。1922 年 1 月参与创办五四以来第一个诗刊《诗》月刊。1925 年起任清华大学教授。1926 年参加"三一八"反帝游行。1931 年留学英国，次年回国主持清华大学中文系。抗日战争期间，执教于西南联合大学。抗战胜利后，回清华大学任教，积极参加爱国民主运动。1948 年6 月为反对美国扶日政策，宁愿挨饿而在拒绝领取美援面粉的宣言上签名。8 月 12 日因贫病交加在北平逝世，时年 50 岁。

级　歌

莽莽平原，

漠漠长天，

举眼破碎河山。

同学少年，

同学少年，

来挽既倒狂澜。

去向民间，

去向民间，

国家元气在民间。

莫怕艰难，

莫怕熬煎，

戮力同心全在咱！

题　解：　　　这是朱自清为清华大学第九级（1933 年入学，1937 年毕业班级）毕业班学生写的级歌歌词，刊登在 1937 年的《清华年刊》上。清华大学第九级的同学，高唱这支《级歌》，参加了"一二·九"时期的抗日救亡运动，以后，他们中的一些人参加了抗日战争。

日记摘译

　　我在拒绝"美援"和"美援"面粉的宣言上签了名，这样本月会减少六百万元法币的收入，……。我考虑了一下午，仍然认为签名是对的。因为我们既反美扶日就应该直接由自身做起，……。

| 题　解：　　此段文字据中国国家博物馆馆藏朱自清 1948 年 6 月 18 日的日记英文原稿节译刊印。

　　1948 年 5 月至 6 月，国民党统治区各阶层人民掀起了大规模反对美国扶植日本侵略势力复活的爱国运动。美国声称"受惠"于美国的中国人民无权反对美国的政策。6 月 19 日，北平清华大学朱自清等百余名教授公开发表声明："为了表示中国人民的尊严与气节，拒绝美国具有收买灵魂性质的一切施舍物资。"拒购美援平价面粉。这段日记描述了朱自清在拒绝购买美援平价面粉宣言上签字时的心情。此时，他已身患重病，生活拮据，六百万元法币的损失，关系着他全家人的生死。但他宁愿饿死，也拒购美援平价面粉，表现了中国人民不甘外侮的民族气节。

王孝和

　　王孝和（1924—1948），浙江宁波人。1938 年入上海励志英文专科学校学习。1941 年加入中国共产党。1943 年入上海电力公司火力发电厂工作，积极开展革命活动。1948 年被选为厂工会常务理事，领导电厂工人开展斗争，声援上海申新工人大罢工。同年 4 月 21 日被国民党当局逮捕，在狱中受尽酷刑，坚贞不屈，9 月 30 日被害于上海，时年 24 岁。

就义前给父母亲的遗书

父母双亲大人：

好容易养到儿迄今，为了儿见到此社会之不平，总算没有违背做人之目的。今天完成了我的一生，但愿双亲勿为此而悲痛，因儿虽遭奇冤，而此还是光荣的，不能与那些汉奸走狗贪污官吏可比。瑛[1]，她太苦了，盼双亲视若自己亲女儿，为她择个好的伴侣，只愿她不忘儿，那儿虽在黄泉路上也决不会忘恩的。琴女[2]及未来的孩子佩民[3]应告诉他们儿是怎样为什么而与世永别的？！儿之亡对儿个人虽是件大事，但对此时此地的社会说来，那又有什么呢！千千万万有良心有正义人士，还活在世上，他们会为儿算这笔血账的。

双亲啊！保重身体挣（睁）开慧眼等着看吧！这不讲理的政府就要垮台了！到那时冤白得申，千万不要忘那杀人魔王，与他算账！

人亡之后，一切应越简单越好，好在还有二个弟弟，盼他们也那（拿）儿之事，刻在心头，视瑛如自己姐姐，视二个孩子如自己骨肉，好好的教导他们，为儿雪冤，为儿报血仇！

特刑庭不讲理，特刑庭乱杀人，特刑庭秘密开庭[4]，看他横行到几时？冤枉啊！冤枉！冤枉！

你的不孝男王孝和泣上

民（国）三十七年[5]九月廿七日正午

注 释： 〔1〕瑛：即忻玉瑛，王孝和的妻子。

〔2〕琴女：王孝和的女儿。王孝和牺牲时刚满一岁。

〔3〕 佩民：王孝和的遗腹子。

〔4〕 王孝和被捕后，国民党当局拒绝任何辩护律师为他辩护，特种刑事法庭采取秘密开庭，判他死刑。

〔5〕 民国三十七年：即1948年。

| 题　解：　　　　此遗书据中国国家博物馆馆藏手稿复制件刊印。

　　1948年4月21日，国民党特务诬陷王孝和指使工人向发电机中放置铁屑，破坏生产，将其逮捕入狱。在法庭上，他义正词严地驳斥国民党当局，公开揭露国民党特务阴谋诬陷的卑鄙手段。最后，国民党特刑庭不得不秘密开庭，判处王孝和死刑。在刑场上，他从容不迫，高呼口号，英勇就义。这封遗书是他写给父母亲的，字里行间充满了一个共产党员不畏生死的凛然正气和对父母妻儿的无限眷恋。殷殷嘱托，情深意长，表现了共产党员有血有肉的英雄气概。

就义前给妻子的遗书

瑛妻：

我很感激你，很可怜你，你的确为我费尽心血，今天这心血虽不能获得全美，但总算是有收获的。我的冤还未白，而不讲理的特刑庭就决定了我的命运，但愿你勿过悲痛。在这不讲理的世上不是有成千成万的人在为正义而死亡？为正义而子离妻散吗？不要伤心！应好好的保重身体！好好的抚导二个孩子！告诉他们，他们的父亲是被谁所杀害的！嘱他们刻在心头，切不可忘！对我的双亲你得视自己亲父母一般。如有自己看得中的好人，可作为你的伴侣，我决不怪你，而这样我才放心！

但愿你分娩顺利！未来的孩子就唤他叫佩民！身体切切保重，不久还可为我申冤、报仇！各亲友请代候，并祈多多照应为感。

特刑庭不讲理，乱杀人，秘密开庭，看他横行到几时!!! 冤枉！冤枉！冤枉！冤枉！冤枉！

你的夫

王孝和血书

卅七、九、廿七、二时

│ 题 解： 此遗书据中国国家博物馆馆藏手稿复制件刊印。

这是王孝和就义前写给妻子忻玉瑛的信。当时忻玉瑛怀有身孕。信中，王孝和满怀深情地安慰妻子，切莫过度悲伤，嘱其抚育儿女，替父报仇。同时，控诉了国民党特刑庭的倒行逆施，表达了他对革命必胜的信心。

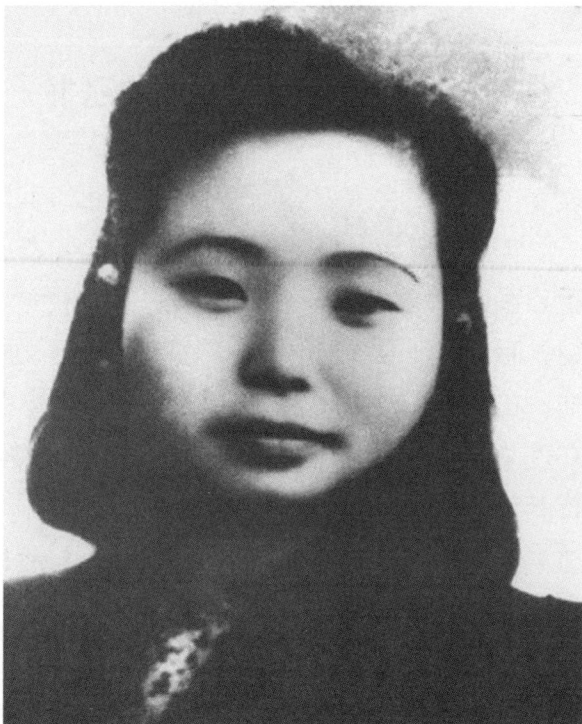

江竹筠

江竹筠（1920—1949），四川自贡人。童工出身。1939 年加入中国共产党，一直从事秘密工作。曾任中共下川东地委委员。1947 年，受中共重庆地下市委的指派，负责组织大、中学校的学生进行"反内战、反饥饿、反迫害"斗争。1948 年 6 月由于叛徒出卖在万县被捕，囚禁于军统局重庆渣滓洞看守所。在狱中受尽酷刑而坚贞不屈，被狱中难友誉为"中华儿女的革命典型"。1949 年 11 月 14 日，被国民党当局杀害于渣滓洞监狱，时年 29 岁。

狱中给亲友的信

竹安[1] 弟：

友人告知我你的近况，我感到非常难受。么姐及两个孩子给你的负担的确太重了，尤其是现在的物价情况下，以你仅有的收入，不知把你拖成什么个样子。除了伤心而外，就只有恨了。……我想你决不会抱怨孩子的爸爸[2]和我吧？苦难的日子快完了，除了这希望的日子快点到来而外，我什么都不能兑现。安弟，的确太辛苦你了。我有必胜和必活的信心，自入狱日起，我就下了两年坐牢的决心（去年六月被捕）。现在时局变化的情况，年底有出牢的可能。蒋王八[3] 的来渝，固然不是一件好事，但是不管他如何顽固，现在战事已近川边，这是事实，重庆再强也不可能和平、京、穗[4] 相比，因此大方地给它三、四月的命运就会完蛋的。我们在牢里也不白坐，我们一直是不断的在学习，希望我俩见面时你更有惊人的进步。这点我们当然及不上外面的朋友。

话又得说回来，我们到底是虎口里的人，生死未定。万一他作破坏到底的孤注一掷，一个炸弹，两三百人的看守所就完了。这可能我们估计的确很少，但是并不等于没有。假若不幸的话，云儿就送你了，盼教以踏着父母之足迹，以建设新中国为志，为共产主义革命事业奋斗到底。

孩子们决不要娇养，粗服淡饭足矣。么姐是否仍在重庆？若在，云儿可以不必送托儿所，可节省一笔费用。你以为如何？就这样吧，愿我们早日见面。握别。愿你们都健康！

来友[5] 是我很好的朋友，不用怕，盼能坦白相谈。

竹姐

八月廿七日

注 释：

〔1〕 竹安：江竹筠的亲戚谭竹安，在重庆大公报社工作。

〔2〕 孩子的爸爸：彭咏梧（1915—1948），四川云阳人，中共党员，曾任中共云阳县委书记、万县中心县委副书记、重庆市委委员兼宣传部部长、川东游击纵队政委等职。1948年1月17日，与国民党军在奉节县遭遇，在战斗中牺牲，时年33岁。1943年与江竹筠扮作夫妻以掩护中共重庆市委机关工作，1945年经组织批准结婚，1946年生子彭云。

〔3〕 蒋王八：指蒋介石。

〔4〕 平、京、穗：北平（今北京）、南京、广州。

〔5〕 来友：即曾紫霞，江竹筠同室的难友。

题 解：

　　此信写于1949年，由渣滓洞狱中同室难友曾紫霞出狱时带出。现据中国国家博物馆馆藏原信复制件刊印。

　　这封信反映了共产党员虽然身陷囹圄，但对革命必然胜利充满信心，以及对子女的严格要求和殷切期望。

许晓轩

　　许晓轩（1916—1949），江苏江都人。1938 年加入中国共产党，做中共川东特委青委刊物《青年生活》的编辑、发行工作。抗战初期在重庆南岸、大渡口等地做工运工作。1939 年任中共川东特委青委宣传部部长，次年调任中共重庆新市区区委书记。1940 年 4 月由于叛徒出卖，在重庆被国民党当局逮捕，后被押往贵州息烽监狱和重庆白公馆监狱。在白公馆狱中任中共临时支部书记，领导狱中斗争。1949 年 11 月 27 日重庆解放前夕被杀害，时年 33 岁。

狱中遗书

宁关不屈

安〔1〕

注 释：　〔1〕安：许晓轩原名许永安。

题 解：　此遗书据中国国家博物馆馆藏复制件刊印。

许晓轩被捕后，面对敌人的严刑拷打和威逼利诱，始终大义凛然，在得知亲友正设法营救他时，在香烟的包装纸上用铅笔写下这封遗书并托人捎出狱外。它反映了一个共产党员在敌人面前宁愿把牢底坐穿也决不屈服的坚强的革命意志。

蔡梦慰

　　蔡梦慰（1924—1949），四川遂宁人。1945 年加入中国民主同盟。抗日战争时期任《工商导报》《遂蓉导报》记者，发表了不少揭露黑暗现实的文章。1948 年 5 月因《挺进报》事件而被捕，囚禁在军统局重庆渣滓洞看守所。他拒绝了狱方的多次劝降。1949 年 11 月 27 日被害于渣滓洞松林坡，时年25 岁。

黑牢诗篇（第五章）

像笼里的鹰

梳理着他的羽翼

准备迎接那飞翔的日子

长期的幽禁啊

岂能使反抗者的意志麻痹

在铁窗里面

无时不在磨利（砺）着斗争的武器

用黄泥搓成的"粉笔"

在地板上写出了讲义

你，是学生，也是教师

卡尔[1]，

恩格斯，

伊里奇[2]，

约瑟夫[3]，

就像坐在身边

同大家亲密的讲叙

毛泽东的话呀

又一遍在心里重新记忆

再一遍在心里仔细温习

寒冷的俄罗斯

是怎样开遍了香花

古老的中华

是怎样燃起了解放的火炬

同敌人斗争的故事

同自己斗争的故事

一幕一幕重现在眼底

像无数的火星

闪耀在这样漆黑的夜空里

转动齿轮的

挥舞锄锹的

摇弄笔杆和舌头的

趁着新建的花园完工之前

你，向自己的弟兄

袒露出深藏的灵魂和躯体

看哪里还有暗迹

看哪里还有污点

进入那圣洁芬芳的天地呀

谁好意思带着一身垢腻

老了便不能解放

五十几岁的老大哥

开始在读书、写字

还在梦里撒尿的孩子啊

也会用稚气的口语

讲说革命的大道理

描述新社会的美丽

注 释： 〔1〕 卡尔：指马克思。

〔2〕 伊里奇：指列宁。

〔3〕 约瑟夫：指斯大林。

题 解： 《黑牢诗篇》是蔡梦慰烈士在狱中的遗作，写到第五章共计230余行，尚未完稿即遭杀害。烈士被押往松林坡刑场途中，趁黑夜将诗稿抛入草丛中，三天后重庆解放，在清理刑场时为脱险同志拾得。现据影印件刊印，文字与标点均未作变动。

诗章深刻地反映了身陷牢笼的革命志士们的崇高理想、战斗生活和无比坚强的革命意志，鼓舞了狱中难友的斗志，也给后人留下了感人的诗篇。

高厚祖（1914—1949），湖北红安人。1931 年
3 月参加中国工农红军，1934 年加入中国共产党。
先后担任红军第四军宣传队长，八路军一二九师
七七一团组织干事、三八五旅组织科长、中国人民
解放军第二野战军第三纵队某旅政治部主任、二野
女子大学副政委等职。1949 年病故，时年 35 岁。

高厚祖

绝　笔

血是红的！汗是热的！要用红的血和热的汗！才能获得自由之花！

| 题　解：　　此绝笔书据手迹影印件刊印。

　　绝笔体现了作者要用自己的热血和汗水为民族的解放、为人民的幸福奋斗终生的决心。

后 记

　　本修订本是我们在 1991 年初版的基础上，结合《复兴之路》基本陈列的相关内容，对选取的篇目做了补充和调整，同时也对正文、注释和题解做了进一步修订。

　　本书修订工作是在中国国家博物馆馆领导的关心指导下，由曹欣欣、吴金华具体负责完成的，曹欣欣并负责统稿，藏品保管二部提供了图片保障，胡妍协助了版式设计。我们还要感谢参加本书初版编辑工作的王凌云、王振合、齐钟久、马景祥、王信平、王绮梅、尹建民、白云涛、刘秀文、李俊臣、陈继馨、陈淑珍、宗鹏、夏传鑫、相瑞花、倪志敏等同志。

　　本书不完善之处，敬请广大读者批评指正。

编　者

责任编辑：侯俊智　郭　娜

封面设计：徐　晖

图书在版编目（CIP）数据

浩然正气／中国国家博物馆 编．－北京：人民出版社，2015.11

ISBN 978－7－01－015344－5

I.①浩…　II.①中…　III.①革命烈士－生平事迹－中国－近现代

　 IV.① K827=6

中国版本图书馆 CIP 数据核字（2015）第 236122 号

浩然正气
HAORAN ZHENGQI

中国国家博物馆　编

人民出版社 出版发行

（100706　北京市东城区隆福寺街 99 号）

北京中科印刷有限公司印刷　新华书店经销

2015 年 11 月第 1 版　2015 年 11 月北京第 1 次印刷

开本：710 毫米 ×1000 毫米 1/16　印张：22.75

字数：255 千字

ISBN 978－7－01－015344－5　定价：48.00 元

邮购地址 100706　北京市东城区隆福寺街 99 号

人民东方图书销售中心　电话（010）65250042　65289539